Mahmood Falaki

Ich bin Ausländer und das ist auch gut so

Kurzgeschichten

sujet verlag

Mahmood Falaki
Ich bin Ausländer und das ist auch gut so
ISBN 978-3-96202-016-3

Umschlaggestaltung: Tarlan Mirshekari
Satz und Layout: Tanja Pieper
Lektorat/Korrektorat: Tonja de Almeida Madeira Clemente,
Dunja Rühl
Druckvorstufe: Sujet Verlag, Bremen
Printed in Europe
1. Auflage Oktober 2013
7. Auflage November 2024

www.sujet-verlag.de

Inhaltsverzeichnis

Als Vorwort

Ein kurzes Gespräch mit einer netten alten deutschen Dame

Ich habe mich daran gewöhnt, dass die Deutschen, besonders alte deutsche Frauen oder Männer, mich überall nach meinem Herkunftsland fragen. Am Anfang ärgerte es mich. Warum fragen sie immer nach meiner Nationalität? Haben sie nicht etwas Interessanteres, um darüber zu plaudern?

Ich habe aber allmählich eine Möglichkeit gefunden, mich in diesem ungleichberechtigten Verhältnis zu amüsieren. Es war nicht gleichberechtigt, weil ich selbst nie fragen konnte, woher sie kommen!

Schon einige Zeit suchte ich immer die alten Herren oder Damen im Bus oder in der U-Bahn und setzte mich ihnen gegenüber oder neben sie. Ich antwortete jedes Mal anders. Mal war ich Türke, mal Araber oder Portugiese und Franzose und kam einmal sogar aus Bayern. Manchmal war ich ehrlich und verriet meine wahre Nationalität. So amüsierte ich mich mit meinem Nationalitätsspiel. Ich bin dankbar, dass die Leute mit mir aufgrund meiner Ausländischkeit ein Gespräch führten. So langweilte ich mich nicht mehr, wenn ich unterwegs war oder in einer Schlange stand.

Einmal suchte ich wieder in einer U-Bahn ältere Menschen, um sie mit meiner Präsenz zu provozieren und nach meiner Nationalität fragen zu lassen. Ich saß neben einer etwa 80-jährigen Dame. Im Gespräch mit ihr, von dem ich hier berichte, habe ich alle Fragen ehrlich und richtig beantwortet. Nach diesem Gespräch habe ich nie wieder solcherart Bekanntschaften gesucht:

„Was für ein Landsmann sind Sie?!“

„Ich komme aus Persien.“

„Brasilien? Aber Sie sehen nicht wie ein Indio aus!“ „Nein, Persien, Iran!“

„Ach so, Iran! Sie sind Muslim!“

„Nein!“

„Nein? Gibt es in der Türkei auch Christen?“

„Ich komme aber nicht aus der Türkei.“

„Ach so, woher kommen Sie denn?“

„Wie schon gesagt: aus Persien, Iran!“

„Ich meine ja, gibt es im Iran auch Christen?“

„Ja, es gibt auch Christen.“

„Haben Sie als Christ viele Probleme in Ihrem

Land gehabt, wurden Sie verfolgt?“

„Ich bin aber kein Christ.“

„Ach nein? Was denn? Bist du Jude?“

„Nein!“

„Was soll das heißen?“

„So was kann auch passieren.“

„Ach, vielleicht gehören Sie zu einer Sekte, die in arabischen Ländern verboten ist und deren Anhänger verfolgt werden. Wie heißt sie? Ich habe es vergessen. Darüber habe ich irgendwo gelesen.“

„Iran ist aber kein arabisches Land.“

„Ach nein? Sie sind aber alle Mohammedaner.“

„Na ja, wie Europäer, die alle Christen sind, ohne die gleiche Nationalität zu haben.“

„Auf jeden Fall war es eine Sekte.“

„Sie meinen vielleicht die Bahai!“

„Vielleicht, ich glaube schon!“

„Nein, ich bin kein Bahai.“

„Was soll das? Ich verstehe das nicht.“

„Ich auch nicht!“

„Welche Religion haben Sie denn?“

„Ich bin jetzt an der Reihe.“

„Welche Reihe?“

„Eine Frage zu stellen.“

„Welche Frage?“

„Muss man unbedingt ein religiöser Mensch sein?“

„Ach, Sie sind Kommunist!“

Hof des Friedens

Auf die Frage, was ein Flüchtling sei, antwortete der vierjährige Sohn eines unserer Flüchtlingsfreunde: „Teilung“. Er hörte in den Auffanglagern, Flüchtlingsheimen und in den verschiedensten Warteschlangen vor den Ämtern seine Eltern, Freunde und Bekannte ständig von Auf-, Ein-, Ver- und Zuteilung reden. Vom Flüchtlingsdasein hatte er sich vor allem dieses endlose Teilen eingeprägt. Nur in den seltensten Fällen kann man nach Einreichen des Asylantrages an ein und demselben Ort wohnen bleiben. Normalerweise werden die Flüchtlinge bis zur endgültigen Entscheidung kleineren Städten und Dörfern zugeteilt.

Meine Frau und ich wurden nach mehrmaliger Ein- und Verteilung einer kleinen Stadt am Rhein namens

Andernach zugeteilt. Ich muss gestehen, dass es eine schöne Stadt ist.

Ich möchte Sie mit der Schilderung des prächtigen Flusses und der wunderbaren Landschaft voller Weinberge auf keinen Fall langweilen. Vor allem deshalb nicht, weil es mir einige Landsleute übel nehmen könnten, dass ich in relativ kurzer Zeit eine so starke Sympathie für Deutschland entwickelt habe, als gäbe es in unserer Heimat Persien keine schönen Landschaften. Man muss aber zugeben, dass jede Natur ihre eigene Schönheit besitzt. Ich weiß jedoch nicht, warum die hiesige Natur so sauber und blitzblank ist, als ob diese Heiden sie jeden Morgen mit Tauwasser glatt bügeln würden.

Wir wanderten also schon zwei oder drei Wochen in dieser blühenden Umgebung, spazierten am Fluss entlang und schauten uns die wunderschönen Blumen an, die überall blühten. Wir bummelten durch die Geschäfte und liefen die einzige Straße des Ortes auf und ab.

Bis zu dem Tag, an dem wir einen amtlichen Brief auf Deutsch erhielten, kam uns alles wunderbar und herrlich vor. Wie Adam und Eva vor ihrer Vertreibung aus dem Paradies zogen wir einfach so durch die Gegend. Die Monate des Ein- und Zuteilens waren schnell mit hitzigen und langen Debatten über Zeit und Ort des Zuteilens sowie die Statistik und das Schicksal unserer zugeteilten Landsleute verflogen und wir vergaßen, dass wir uns in einem fremden Land befanden, dessen Sprache wir wie die Luft zum Atmen brauchten. Oh, was für ein Leichtsinn! Was sollten wir nun tun?! Wir verstanden kaum ein Wort Deutsch und kannten hier keine anderen Iraner. Vor der endgültigen Entscheidung über unseren Asylantrag hatten wir weder die Erlaubnis, unseren Wohnort zu verlassen, noch das Geld für eine Reise. Wir fühlten uns wie Schiffbrüchige, die auf einer unbewohnten, verlassenen Insel gestrandet waren. Die Fremde hatte sich heimlich hineingeschlichen und sich zu uns gesellt. So war also die Fremde?! Wir waren ins Bodenlose gestürzt und fielen immer tiefer. Aber so es ist nun mal mit dem Exil: Man ist gezwungen, die Bedingungen zu akzeptieren. Ein persisches Sprichwort sagt: „Wer im Winter Honigmelonen essen möchte, muss auch das Zittern in Kauf nehmen."

Schon auf unserer Flucht durch die Berge der Türkei hatten wir gezittert – nicht nur vor Kälte, sondern vor Angst. Angst vor den Grenzposten, vor dem Absturz in den tiefen Abgrund und davor, dass die Schlepper uns ausrauben und in der Einöde verlassen könnten. Auch das Gefühl der Einsamkeit ließ unsere Körper erzittern.

Als wir den Brief öffneten, verstanden wir nichts als unsere Namen. Ich lief die zwei Meter fünfzig Länge des Zimmers verzweifelt auf und ab und fiel meiner Frau und mir selbst auf die Nerven, bis plötzlich meine Frau rief: „Das Wörterbuch!" Jawohl, das Wörterbuch: Die Lösung aller Sprachprobleme. Wir waren etwas erleichtert. Die Fremde lockerte ihre Klauen um unsere Hälse.

Durchgeschwitzt von intensiver Beschäftigung mit dem Wörterbuch begann ich allmählich, während meine Frau mir ständig „Tee“ vorsetzte, den Brief zu begreifen. Nebenbei muss ich gestehen, dass wir damals – die Europäer nachahmend – Kaffee tranken. Er schmeckte mir zwar nicht so gut wie Tee, aber man musste ja irgendwann mit der Eingliederung in die fremde Kultur beginnen. Ich hätte also eigentlich lieber „Kaffee“ schreiben sollen.

Der zentrale Begriff in diesem Brief war das Wort „Friedhof“. Da ich das Wort „Hof“ schon im Wort „Bahnhof“ gehört hatte, dachte ich mir, dass Friedhof aus den zwei Wörtern „Fried“ und „Hof“ besteht. Ich blätterte in meinem Deutsch-Persischen Wörterbuch nach beiden Wörtern. Ich fand nur die beiden Wortbestandteile: Danach bedeutete „der Hof“ ein zum Haus gehörender Platz und „der Friede“ hieß so etwas wie Versöhnung und Ruhe. „Friedhof“ hieß also „der Hof des Friedens“.

Neben diesen beruhigenden Worten war im Brief auch von „arbeiten“ die Rede. Plötzlich ergriff mich ein übersprudelndes Gefühl der Freude. Sie hatten also erfahren, dass ich ein Schriftsteller war und mochten mich an einem ruhigen Ort arbeiten lassen. Was für ein gebildetes, kunstliebendes und kunstförderndes Volk! Ich dachte daran, dass man in meiner eigenen Heimat den Wert meiner Arbeit nicht zu schätzen wusste – und hier? Na ja, auch das macht den Unterschied zwischen entwickelten und unterentwickelten Kulturen aus! Wie konnten wir nur früher diese Menschen als Plünderer und Ausbeuter bezeichnen? Wenn das der Imperialismus sein sollte, wäre ich sogar bereit, mein Leben für ihn zu opfern.

An jenem Abend feierten wir und stießen auf den „Friedhof" an.

Am Tag darauf ging ich zur Behörde, die uns diesen Brief geschickt hatte und für die Angelegenheiten der Flüchtlinge zuständig war. Ich zog mich schick an und parfümierte mich sogar, damit alle merkten, dass sie es nicht mit einem einfachen Menschen zu tun hatten.

Umhüllt von einer duftenden, sauberen und seelisch frischen Aura ging ich ins Amt hinein. Der zuständige Sachbearbeiter freute sich über meine offenkundig gute Stimmung und war im Vergleich zu früheren Tagen viel freundlicher. Seine Augen hinter seinen starken Brillengläsern kamen mir nicht mehr verschwommen vor. Ich nahm zum ersten Mal ihre blaue Farbe wahr. Ich weiß nicht, warum ich sie immer rot in Erinnerung hatte. Ich merkte, dass er von meiner künstlerischen Tätigkeit erfahren haben musste. Wie andere sprachunkundige Flüchtlinge antwortete ich auf seine Fragen ein paar Mal mit „Ja, ja", um zu zeigen, dass ich ihn verstehe.

Daraufhin gab er mir eine Adresse und schickte mich mit einem Schreiben los. Ich glaubte, vor Glücksgefühl in der Luft zu schweben. Obwohl ich auf der Suche nach der Adresse zwei Stunden hin und her lief, spürte ich nicht das geringste Anzeichen von Müdigkeit. Später fand ich heraus, dass es von der genannten Behörde bis zu meinem ersehnten Paradies nur eine Viertelstunde zu laufen war und dass ich mich zwei Stunden im Kreis gedreht hatte.

Ich erreichte also den „Hof des Friedens". Jawohl, am Eingang stand „Friedhof". Ich hatte mich also nicht geirrt. Ein kurzer Blick über den Zaun auf die schönen bunten Blumen, die sehr gepflegt und ordentlich in kleinen Beeten eingepflanzt waren, beseitigte jeden Zweifel in mir. Pfeifend und zufrieden schritt ich auf eine kleine Bude zu, die am Eingangstor stand. Hinter dem Tisch saß ein Mann, der wider Erwarten ziemlich grimmig aussah. Ich dachte, dass er mich eben noch nicht kenne, aber sobald er den Brief und meinen Namen sähe, würde sich sein Gesicht schon erhellen.

Lächelnd gab ich ihm den Brief in die Hand. Als der Mann ihn las, warf er mir einen verächtlichen Blick zu, sein Gesicht wurde noch grimmiger. Ich hatte das Gefühl, als erfasse eine Welle die glatten blonden Haare seines Kinnbartes und lasse sie dann wie Stacheln hervorstehen. Er stand auf und sagte etwas, was ich nicht verstand. Ich antwortete trotzdem wieder mit einem „Ja, ja". Er sah mich verwundert an. An seinem Gesichtsausdruck merkte ich, dass mein „Ja, ja" ziemlich fehl am Platze war. Er ging vor mir aus der Bude und ich folgte ihm auf einem kleinen Weg, an dessen Seiten Blumen eingepflanzt waren. Wir erreichten bald einen kleinen Schuppen. Unterwegs fiel mir auf, dass in den Blumenbeeten Kreuze steckten. „Sie sind nun mal Christen", dachte ich, „und das Kreuz ist das Symbol des friedliebenden Jesus und dies hier ist wohl der Hof des Friedens!"

Ich ließ mich durch keine bösen Gedanken beunruhigen, obwohl ich ehrlich gesagt zugeben muss, dass mich der Anblick der kleinen Kammer als mein künftiger Arbeitsplatz schon etwas enttäuschte. Sollte dies wirklich mein zukünftiger Arbeitsplatz sein? Das gefiel mir überhaupt nicht.

Der Herr Griesgram verschwand in der Dunkelheit der Kammer und kehrte mit einer Schaufel und einem großen Besen zurück und drückte mir dieselben in die Hand. Als er meinen verwunderten Gesichtsausdruck sah, stieß er mich am Arm und gestikulierte in einer international verständlichen Sprache die Bewegungen von Kehren und Schaufeln und sagte ständig: „Arbeiten, arbeiten!"

Er lächelte wie ein Lamm

Ich fegte die Blätter zusammen. Ich wusste gar nicht, was denn daran auszusetzen wäre, wenn die Blätter einfach so auf dem Schotterweg liegen würden. Sie waren sogar sehr schön: manche feuerrot, andere orange oder schwefelgelb. Der Herbst ist eben so. Man braucht ihn gar nicht weiter zu schildern. Aber diese Heiden wollen ja alles blitzblank haben. Keinen einzigen Papierfetzen und nicht ein einziges Blatt lassen sie auf dem Boden liegen.

Es war 1984 und ich fegte nun schon einen ganzen Monat die Blätter zusammen. Bevor dieses herbstliche Schauspiel einsetzte, zupfte ich Unkraut von Gräbern und Blumenbeeten. Eigentlich sollte ich sagen, wir zupften, denn wir waren zu viert, und als auch noch Manutschehr dazu kam, waren wir fünf.

Die Herbstblätter beschrieb er als „Farbfetzen". Ich glaube, er schrieb auch Gedichte. Er murmelte manchmal leise Gedichtverse auf Persisch vor sich hin. Anfangs konnte er nicht ungezwungen reden. Ein Unterton von Vorsicht oder vielleicht auch Scham schwebte in seinen Worten. Er schien sich ständig wie in einem Verhör zu fühlen.

Außer mir und Manutschehr gab es noch einen Ausländer. Er war Pole. Mit Hilfe meines dürftigen Wortschatzes und der wenigen Worte, die er auf Deutsch stammelte, konnte ich verstehen, dass er vom Lande stammte. Er sprach von Äckern, Pferden, Schafen und von allem anderen, was in jedem Dorf vorkommt. Jedes Mal, wenn er sich mir näherte, empfand ich, als stünde der Dampf frischen Schafmistes über seinen strohblonden, krausen Haaren. Dieses Gefühl hielt bis zum letzten Tag unseres gemeinsamen Arbeitens an. Manutschehr mochte den Polen nicht besonders. Tatsächlich rastete er zuerst richtig aus, als er erfuhr, dass dieser ein Pole sei. „Konterrevolutionär", knurrte er. Kaum hatte er diesen Gedanken ausgesprochen, versuchte er, ihn mit anderen absurden Begriffen zu vertuschen, als bedauere er, ihn in meiner Gegenwart ausgesprochen zu haben. Es war an dem Tag, als die alte Frau nicht wie immer am Grab ihres Mannes erschien. Sie kam jeden Morgen, noch bevor wir unsere Arbeit um acht Uhr anfingen. Sorgfältig zupfte sie das Unkraut vom Blumenbeet des Grabes. Unkraut wächst ja nicht jeden Tag nach – oder vielleicht doch, fragte ich mich. Ich schaute genauer hin. Manchmal kam es mir vor, als streiche sie über den Boden wie eine zärtliche Liebkosung, eine sanfte Berührung der Haare oder der Kruppe eines Pferdes. Auch andere kamen. Die Gräber ihrer Toten pflegten sie gut. Manchmal legten sie auf Gräber, in denen ihre Angehörigen bereits seit mehr als dreißig oder vierzig Jahren ruhten, Kränze nieder. Auch zupften sie das Unkraut aus und gossen die Blumen, aber nicht täglich. Die alte Frau kam jeden Tag. Und mit welch einer Ruhe sie die Blumen goss. Als erster bemerkte Dieter ihre Abwesenheit. Als er vom Fehlen der Alten sprach, kam es uns allen vor, als vermissten wir etwas. Wir hatten uns ja alle an sie gewöhnt, an ihr „Guten Morgen" vielleicht. Wir waren durch eine unausgesprochene Empfindung mies gelaunt, als ahnten wir, dass sie nie mehr käme. Und sie kam auch nie wieder.

Ich weiß nicht, warum ich gerade an ihre kurzen, schneeweißen Haare dachte, als der kleine Schaufelbagger neben dem Grab, an dem sie jeden Tag die Blumen gegossen hatte, ihr Grab aushob, um sie für immer zu verschlingen. Ich dachte auch an ihre Hände, ihre weichen weißen Hände, die immer wie festgeklebt am Henkel der Gießkanne schienen. Genau wie die Hände meiner Mutter, die immer um den Griff des Wasserkruges geklammert waren, wenn sie aus dem Brunnen Wasser holte. Ihre Haare waren noch nicht so weiß geworden, dass sie Henna auf sie legen sollte. Nur einmal im Jahr suchte sie das Grab meines Vaters auf, um für ihn das Totengebet aufzusagen. Vielleicht ging sie auch öfter, aber uns, mich und meine drei Schwestern, nahm sie nur einmal im Jahr mit auf den Friedhof. Sie kniete am Grab nieder, legte die Finger ihrer rechten, von unschönen Adern durchzogene Hand auf den breiten, vermoosten Grabstein und murmelte etwas vor sich hin. Dann hob sie einen Kieselstein vom Boden auf und klopfte damit ein paarmal an den Grabstein. Während wir mürrisch und stumm dastanden, befahl sie uns, das gleiche zu tun. Ich hatte Angst vor dem Friedhof Ich hasste meinen Vater dafür, dass er uns durch seinen Tod dazu gezwungen hatte, an breiten, vermoosten Steinen rumzuhocken und Steine aneinander zu schlagen. Gram würgte mir den Hals, aber ich weinte nicht. Meine zwei kleineren Schwestern weinten, lautlos.

Noch stundenlang war uns nicht zum Arbeiten zumute. Wir hockten an den Gräbern und starrten auf die schwarz-weißen Reihen der Marmorpflastersteine. Aus Angst vor einem Blickkontakt schauten wir zu den Platanen, die vom Wind gepeitscht wurden und so das Schwarz der Raben betonten. Dann schauten wir auf den in Grau gehüllten Himmel.

Nur Helmut arbeitete wie immer, ohne ein Wort mit jemandem zu wechseln. Anfangs dachte ich, dass er keine besonders gute Beziehung zu Ausländern hätte. Später merkte ich, dass er sich auch mit Dieter nicht einließ. Er war halt so: kalt und stumm. Er verschwand auch manchmal. Später erfuhr ich, dass er eine einsame Ecke suchte, um fern der Blicke des Vorarbeiters sein Bier zu trinken. Der kaum zwanzigjährige Marik war an dem Tag besonders traurig. Ich meine den Polen. Ich weiß nicht, ob die Abwesenheit der Alten oder irgendwas anderes ihn so aufgewühlt hatte. Sobald der Vorarbeiter verschwand, setzte er sich an ein Grab und senkte seinen Kopf zum Boden hin. Ich glaube, er weinte auch. Es war nicht deutlich zu sehen, er wandte uns seinen Rücken zu, aber seine Schultern bebten. Vielleicht dachte er an seine Mutter oder an jemand anderes. Als ich Manutschehr auf ihn aufmerksam machte, sagte er: „Diesem Konterrevolutionär möge noch Schlimmeres passieren!“ Dies sagte er, obwohl er es nicht offen aussprechen wollte, das heißt er wollte es nicht vor mir tun. Vielleicht aber sah er den Ausdruck des Erstaunens in meinen Augen und die grimmigen Furchen auf meiner Stirn, als er versuchte, seine Worte irgendwie zu rechtfertigen. Es war aber zwecklos. Ich hatte richtig hingehört. Manchmal, wenn wir nicht zusammenarbeiteten, wenn der Vorarbeiter uns in Gruppen von zwei oder drei

Arbeitern in verschiedenen Ecken des Friedhofes einsetzte, kam es vor, dass ich mit Marik zusammenkam. Er lächelte unentwegt. Ich weiß nicht, ob er über unsere Verständigungsprobleme lachte oder von Natur aus so war. Aber selbst wenn man eine Sprache nicht versteht, kann man sie durch etwas anderes ersetzen. Zum Beispiel bewegt man die Hände, Füße, den Mund oder die anderen Gliedmaßen mehr als sonst, das Taubstummen-Spiel. Andere lächeln anstelle dieses Taubstummen-Spiels. Aber Mariks Lächeln hatte nicht zum Ziel, seine Verständigungsprobleme wettzumachen. Selbst seine Augen lachten, dies war nicht mehr gekünstelt. Die Lippen kann man künstlich zu einem Lächeln formen, der Blick aber lügt nicht. Oder doch?

Manchmal dachte ich, dass Marik ein Lamm sei. Vielleicht brachten mich seine gelben, krausen Haare darauf. Ein, zwei Mal, als sein Lammblick mich an meine Kindheit erinnerte, hätte ich fast über seine Haare gestrichen. Genau wie damals, als ich über das Fell der Schafe strich oder daran zog, um ihr Schmerzensgebrüll zu hören. Ich wollte es, tat es aber nicht. Ich wollte nicht, dass das Lächeln von seinem Gesicht wich, ich konnte einfach nicht akzeptieren, dass dieses Lamm ein Konterrevolutionär sein sollte. Manutschehr hatte es ausgesprochen.

Vielleicht wollte er sagen: „Er wollte ins Paradies des Kapitalismus. Und nun ist er in diesem Paradies und muss auf dem Friedhof schuften.“ Er sagte es aber nicht, das heißt nicht an diesem Tag. Das vom „kapitalistischen Paradies“ sagte er später. Ich fragte: „Warum bist du denn nicht in dein Paradies gegangen?“ und meinte damit den Ostblock. Ich glaube, dass ich sogar gefragt habe: „Warum malochst du denn hier?“ Er sagte nichts, das heißt er sagte einiges, was überhaupt nichts mit meinen Fragen zu tun hatte. Von Malochen konnte eigentlich nicht die Rede sein, ich wollte nur seine eigenen Worte benutzen. Unsere Arbeit war nicht sehr hart. Wir hatten von den deutschen Kollegen gelernt, uns vor der Arbeit zu drücken. Gleich am ersten Tag hatte uns Dieter gesagt: „Langsam, langsam!“ Und ich habe es Manutschehr zu verstehen gegeben. Auch wenn die Arbeit nicht so schwer war und man sich vor ihr drücken konnte, war es doch sehr ärgerlich, dass man als Asylbewerber eine Zwangsarbeit verrichten und Sozialhilfe beziehen musste, selbst wenn man ein Lehrer oder Ingenieur war.

Einige Wochen später erzählte Manutschehr mir, dass er in der DDR hatte bleiben wollen. Man hatte ihn aber nicht aufgenommen. Er sagte es an einem Tag, als Dieter sehr gut gelaunt war und schallend lachte. Als Dieter erfahren hatte, dass ich Englisch konnte, wollte er unbedingt Englisch lernen. Wenn er einen Satz gelernt hatte, freute er sich, mit seinen neunzehn Jahren, mit seiner ganzen ungestümen Gestalt, wie ein Kind. Er schmiss Besen oder Schaufel in die Luft, wandte sich mit seinem Pferdegesicht zum Himmel und stieß, wie ein Indianer, merkwürdige Laute aus. Viel konnte ich ihm nicht beibringen. Ich war erst ein Jahr in Deutschland und konnte ihm nur so viel Englisch erklären, wie es mein dürftiges Deutsch erlaubte. Laut lachend sagte er: „Er war allein.“ Ich fragte ihn: „Wer war allein?“ Er sagte: „Mein Vater. Als er starb, war er allein.“ Ich dachte, dass er völlig durchgedreht sei. Kann man denn über den Tod seines Vaters lachen?

Ich sagte: „Warum bist du so fröhlich?“ Er antwortete: „Die Nachbarn haben die Polizei gerufen. Durch den Gestank aus dem Zimmer haben sie geahnt, dass er gestorben sein muss.“ Er lachte die ganze Zeit. Als er mehr über sich erzählte, erfuhr ich, dass er zwei Jahre alt gewesen war, als seine Mutter die Familie für immer verließ. Er erfuhr auch nie, wo sie hingegangen und was ihr zugestoßen war. Er sagte: „Ich glaube, sie ist tot.“ Sein Vater steckte ihn in ein Waisenhaus. Nicht, dass ich alle seine Worte verstand, manches habe ich erahnt. Er schob seinem Vater die Schuld zu und freute sich nun so sehr, als sei sein Feind gestorben. Als er vom Heim sprach, schwebte Trauer in seinen Augen. Ich glaubte, eine kindliche Unschuld unter seiner Haut heraufkommen zu spüren. Ich weiß nicht, ob es die Geschichte über den Tod von Dieters Vater oder auch seine Erlebnisse vom Vortag waren, die Manutschehr dazu bewegten, mir zu erzählen, dass er auf der Flucht in der DDR bleiben wollte. Er fegte die Blätter auf dem Schotterweg zusammen. Er war mit Helmut in einer Kolonne. Wie immer war dieser verschwunden. Eine Frau kam auf ihn zu. Sie wollte auf einem Grab einen Kranz niederlegen oder vielleicht das Grab pflegen. Sie hatte ihre Handtasche aufgemacht und wollte Manutschehr fünf Mark geben. Zuerst war Manutschehr völlig verblüfft. Die Frau hatte gesagt: „Kauf dir eine Packung Zigaretten!“ Als er die Geschichte zum ersten Mal erzählte, sagte er: „Ich hab das Geld nicht angenommen. Das hätte noch gefehlt, dass wir Almosen annehmen!“ Aber später, als wir uns näher kamen, erzählte er, dass er sich zuerst geärgert hatte und fühlte, wie seine Wangen glühten, nicht vor Wut oder etwas Ähnlichem, sondern vor Scham. Er habe sich dann umgeschaut und schnell nach der Münze gegriffen. Diese Passage erzählte er schon lächelnd. Auch ich lachte. Die Frau habe ihn gebeten, das Grab ihres Mannes zu pflegen. Er sagte aber selbst: „Ich bin nie wieder in die Nähe dieses Grabes gegangen.“

Ich weiß nicht, ob das Gefühl der Erniedrigung oder der Eindruck vom Tod Dieters Vaters seine Gedanken so verwirrt hatten, dass er erzählte: „Ich hatte vor, dort zu bleiben. Nicht einmal im Traum konnte ich mir vorstellen, dass sie mich zurückweisen. Ich hatte ihnen auf dem Flughafen Schönefeld gesagt, dass ich der Partei angehöre, aber sie haben nicht nur wieder mein ganzes Handgepäck durchwühlt, sondern zerrten mich auch in eine Kabine und unterzogen mich einer gründlichen Leibesvisitation. Selbst meinen Hemdkragen haben sie durchsucht, aber nicht aufgerissen." Dann wollten sie ihn wieder in die Türkei abschieben, sein Pass war gefälscht. Es gab einen anderen Ausweg. Sie nahmen fünfzig D-Mark und entließen ihn an der U-Bahn Station Friedrichstraße nach West-Berlin. Als er von der Partei und dem Asylantrag gesprochen hatte, hatten sie so getan, als seien sie taub. Sehr wütend erzählte er dies später. Ich erlebte zum ersten Mal, dass er zornig sprach, wenn er von „Drüben" redete. Ich dachte, dass vielleicht irgendeine Kontroverse zwischen ihm und den Genossen im Gange war, weil er so offen über solche Dinge redete. Ich hatte das Gefühl, dass er eine Phase intensiver, innerer Auseinandersetzungen durchmachte. Eines Tages zeigte er auf Marik und sagte: „Vielleicht ist er auch gar nicht schuld?" Ich sagte ihm: „Niemand verlässt freiwillig den Ort, an dem er sich wohlfühlt. Wer möchte nicht in seiner Heimat leben?" Ich sah in den nächsten Tagen, dass er immer öfter das Gespräch mit Marik suchte. Er wollte mehr über Polen erfahren. In diesen Tagen kam meine Anerkennung als politischer Flüchtling und ich durfte für immer die kleine Stadt Andernach mit ihrem Friedhof verlassen.

Ich sah Manutschehr nie mehr. Ich weiß nicht, was Marik ihm noch alles in seiner notdürftigen Sprache erzählt hat. Eins kann ich aber vermuten: Marik dürfte Manutschehr mit seinem Lamm-Lächeln bezwungen haben.

Medizinmann

In einem Raum saßen zwei Beamte des BAMF (Bundesamtes für Migration und Flüchtlinge) nebeneinander am Tisch und blickten zusammen auf den Monitor des PCs. Auf dem Bildschirm war die Weltkarte zu sehen. Der sich um Asyl bewerbende Schwarzafrikaner und sein Dolmetscher saßen ihnen gegenüber.

Einer der Beamten wandte seinen Blick vom Monitor zu dem Flüchtling, musterte ihn von oben bis unten und fragte:

„Was für ein Landsmann sind Sie? Welche Nationalität haben Sie?“

„Ich bin Afrikaner.“

„Aus welchem Land?“

„Afrika.“

„Staatsbürger welchen Landes sind Sie?“

„Afrika!“

Der Interviewer wandte sich zum Dolmetscher und sagte ihm, er solle seinem Klienten erklären, dass er ein bestimmtes Land, einen Staat nennen solle, nicht einen Kontinent.

Der Dolmetscher redete eine kurze Weile leise mit dem Flüchtling und sagte dann, er meine Niger.

Die Beamten betrachteten weiter den Bildschirm. Der eine spielte mit Maus und Tastatur und zeigte dem anderen etwas am Monitor. Der Verhörbeamte lehnte sich zurück, ließ seinen Blick über den Computer schweifen und fragte weiter:

„Wie haben Sie Deutschland erreicht? Durch welche Länder sind Sie hierher gekommen? Über welche Grenze sind sie eingereist?“

„Bevor ich nach Deutschland kam, war ich bei einem Medizinmann, um zu fragen, welches Land für mich am günstigsten ist. Er hat ein großes Feuer gemacht und ist drei Tage und Nächte um dieses Feuer herum getanzt. Er hat die ganze Zeit geschrien, um die bösen Geister zu vertreiben. Er weinte sogar manchmal, um die guten Geister zu besänftigen. Ab und zu hat er Zaubertrank getrunken oder ins Feuer geschüttet, bis er zu dem Schluss kam, dass Deutschland ein passendes Land für mich wäre.“

„Ich habe nicht gefragt, warum oder wie sie Deutschland als Zuflucht ausgewählt haben, son-

dern wie Sie hierhergekommen sind? Mit welchen Mitteln? Mit dem Flugzeug, einem Schiff, oder ...?"
„Ich wollte das gerade erklären. Ich bin einfach geflogen."

„Mit welcher Fluggesellschaft? Wann sind Sie hier in Hamburg gelandet?"

„Ich bin nicht mit dem Flugzeug gekommen."

„Was? Sie haben doch gerade gesagt, dass Sie geflogen sind."

„Ja. Nein. Ich weiß nicht genau, was passierte. Ich glaube, dass ich geflogen bin."

„Wie denn?"

„Nach drei Tagen hat mir der Medizinmann gesagt, dass ich mich auf eine Reise vorbreiten und mich von meiner Familie verabschieden müsse. Dann hat er mich an den Rand eines großen Feuers gestellt und tanzte um das Feuer und mich, während er Zauberworte sang. Nach etwa einer Stunde sprühte er eine Flüssigkeit ins Feuer. Er schuf auf diese Art eine riesige Rauchwolke um mich, so dass ich nichts mehr sehen konnte und ohnmächtig wurde. Als ich meine Augen öffnete, fand ich mich plötzlich hier in Hamburg gegenüber der Ausländerbehörde wieder."

„Ach, Sie wussten sofort, dass Sie in Hamburg sind und dass hier die Ausländerbehörde ist! Woher wussten Sie das?"

„Nein, zuerst nicht. Ich wusste nicht, wo ich gelandet war.

Die Menschen sprachen eine merkwürdige fremde Sprache. Ich dachte, der Medizinmann hat vielleicht einen Fehler gemacht und mich irgendwo anders hin als nach Deutschland geschickt. Ich habe die Passanten immerzu gefragt: „Germany, Germany?" Sie guckten mich erstaunt an und gingen vorbei, ohne etwas zu sagen. Das ging so, bis ich auf einen Mann traf, der meine Sprache verstand. Er hat mir gezeigt, was zu tun war."

„Wie heißt dieser Mann und wo wohnt er?"

„Ich weiß es nicht. Er hat mir nichts gesagt und war dann plötzlich verschwunden."

„Na so was! Vielleicht hatte Ihr Medizinmann ihn als Hilfskraft geschickt ..."

„Ja, vielleicht. So was ist mir gar nicht in den Sinn gekommen. Ja, ja."

„Wie viel haben Sie dem Medizinmann bezahlt, damit er Sie bis hierher gebracht und immer geschützt hat?"

„Er bekommt kein Geld. Er kennt Geld nicht. Ich habe ihm meinen Hahn gegeben, der der beste in unserem Dorf war und nach dem der Medizinmann sich sehr sehnte. Außerdem habe ich ihm meine Schwester für ein paar Tage ausgeliehen."

„Sie glauben doch selbst nicht, was Sie da sagen?"

„Wieso nicht?"

„Sie sind einfach innerhalb eines Augenblickes aus Afrika verschwunden und ‚wahrscheinlich' nach Deutschland geflogen, ohne etwas zu merken!"

„Ja, so ist es."
„Aber sie können es nicht beweisen!"
„Sie sind Christ, Herr Richter. Oder sind Sie das etwa nicht?"
„Was? Was soll das? Fragen Sie jetzt mich? Ich bin derjenige, der hier die Fragen stellt, nicht Sie!"
„Als Europäer müssen Sie, Herr Richter, Christ sein."
„Na und?"
„Als Christ glaubt man an Jesus, an seinen Flug in den Himmel. Damals gab es kein Flugzeug, oder?" „Das hat nichts mit Ihrem Fall zu tun."
„Doch! Wenn Sie beweisen können, wie Jesus nach dem Tod auferstehen und in den Himmel zu seinem Vater fliegen konnte, kann ich auch beweisen, dass ich genauso geflogen bin. Nur machte ich nicht wie Jesus eine Himmelfahrt, sondern eine Deutschlandfahrt."

Shampoo

Meine Frau und ich waren noch nicht lange in Deutschland und entdeckten jeden Tag etwas Neues. Eines Tages kam sie strahlend nach Hause und berichtete mir voller Freude:

„Weißt du, was ich heute gefunden habe?“

„Was denn?“

„Du glaubst mir nicht, aber es ist wahr!“

„Sag mir schon, was denn?“

„Ich habe ein Shampoo für schwarze Haare gefunden.“

„Tatsächlich? Gibts hier so was? Heißt das, es gibt auch Shampoo für blonde und rote Haare?“

„Ja, natürlich. Die Deutschen sind das Volk der Erfinder.“

„Ja, du hast recht. Wahrscheinlich haben sie auch

Bodylotion für verschiedene Hautfarben erfunden. Das macht den Unterschied zwischen uns Orientalen und den Europäern aus. Lass mich das Shampoo anschauen."

Sie nahm das Shampoo mit einer Art Respekt aus ihrer Tasche heraus und hielt es dann, wie eine hungrige deutsche Studentin einen Döner Kebab, verzückt in Händen.

Sie hielt es mir entgegen. Ich nahm die Verpackung in beide Hände und studierte sorgfältig die Beschriftung. Aber ich fand keine Zeichen oder Schrift über schwarze Haare. Ich nahm die Tube aus der Verpackung heraus und sah wieder keine Schrift, die so etwas bedeutete.

„Woher weißt du, dass dieses Shampoo für schwarze Haare ist?"

Sie warf mir einen verwunderten und verächtlichen Blick zu und sagte:

„Kannst du denn noch immer die einfachsten deutschen Wörter nicht verstehen?"

„Welche denn?"

Sie zeigte mit ihrem Mittelfinger auf ein Wort neben einem schattenhaften Porträt:

„Hier!"

Und ich lese: Schwarzkopf!

Geburtstag

Als die U-Bahn anhält und die Tür aufgeht, reißt sie ihre kleine Hand aus meiner Hand und springt hinein. Ich weiß, dass sie nun nach einem Fensterplatz sucht. Sie wird ziemlich verärgert sein, wenn sie keinen findet. Sie findet aber einen Platz und ruft mich glückstrahlend zu sich. Heute hat sie Geburtstag. Wir sind gerade auf dem Weg, ihr eine Geburtstagstorte und Kerzen zu kaufen. „Papa, wie alt werde ich jetzt?“ Ich will ihr sagen, dass sie diese Frage bereits mehrmals gestellt hat. Ich lasse es aber lieber und antworte wieder: „Sieben Jahre alt.“ Mir scheint, diese Zahl hat eine magische Wirkung auf sie, so dass sie sie ständig hören möchte. Daraufhin richtet sie ihre schwarzen Augen auf die Frau, die steif vor ihr sitzt, und lächelt sie an. Sie glaubt wahrscheinlich, dass diese Frau oder die anderen unsere Sprache verstehen und alle nun wissen, dass sie heute Geburtstag hat und sieben Jahre alt wird.

Flüchtig wirft ihr die Frau aus ihrem Augenwinkel einen Blick zu, richtet aber sofort wieder die Augen nach vorne. Sie zieht ihre Beine an. Sie ist gut fünfzig Jahre alt. Ihre weiße Bluse ist so porentief sauber, als wäre noch nie ein Staubkörnchen darauf gewesen. Wie akkurat sie doch ihre roten Haare hinten zusammengebunden hat! Mit einer Kopfbewegung wirft meine Tochter ihre Haare aus der Stirn und hebt ihre neuen Schuhe etwas hoch, um sie der Frau zu zeigen. Als diese nicht darauf reagiert, sagt sie auf Persisch, dass sie die Schuhe erst neulich gekauft hat. Dann wiederholt sie den Satz auf Deutsch. Die Frau dreht ihren Kopf leicht zu ihr und öffnet die Lippen zu einem Lächeln, das nicht mehr als ein flüchtiges Zucken ist. Unter der Last meines Blickes dreht sie mir langsam den Kopf zu, schaut aber sofort wieder weg, setzt sich aufrecht hin und starrt wieder nach vorn. Die U-Bahn fährt nun langsamer. Sie erreicht die nächste Haltestelle und kommt zum Stehen.

Deutlich hörbar steigt eine junge Frau ein, die einen Hund an der Leine führt. Sie schaut sich um und setzt sich mir gegenüber. Der Hund legt sich zu Füßen seiner Besitzerin gemütlich auf meine Schuhe. Der Zug fährt los. Die Frau, die vor meiner Tochter sitzt, wendet ihren Blick dem Hund zu und streichelt ihm lächelnd über den Rücken. Sie fragt die Besitzerin nach Namen und Alter des Hundes. Ihre weichen Hände gleiten sanft über den Rücken und den Kopf des Hundes. Meine Tochter schaut auf die Hände der Frau, die im Fell des Hundes Wellen auslösen. Der Zug verlangsamt seine Geschwindigkeit und kommt zum Stehen. Wir müssen aussteigen. Ich nehme die Hand meiner Tochter. Wir gehen los. Nach ein paar Schritten dreht sie den Kopf zurück. Sie guckt auf die Hände der Frau, die immer noch im Fell des Hundes zärtlich Wellen bilden.

Präzision, Perfektion und Sprachlosigkeit

Ein Freund von mir, ein Landsmann, erzählte mir von seinem ersten Liebesakt mit einer deutschen Frau. Sie waren ineinander verwoben im Bett, sie wechselten Liebesworte, stöhnten und ... und einmal, als die Frau voller Freude und Verzückung ihre Arme öffnete und seitlich ausstreckte, wurde folgendes Gespräch geführt, nachdem er gesagt hatte: „Arme mich um!“

„Arme mich um!“

„Nein! Nicht arme mich um!“

„Nein? Wieso nicht? Darf ich dich nicht umarmen?“

„Doch, ja, ja ... gerne ... das ist schön, aber nicht ‚arme mich um!‘“

„Ich verstehe es nicht. Was soll das heißen? Du sagst einerseits, meine Umarmung ist schön, andererseits willst du nicht, dass ich dich umarme!“

„Nein!“

„Nein? Soll ich aufhören?“

„Nein, mach bitte weiter, nicht aufhören, ja, ja, das ist schön. Ich meine, meine, ja, ja ... umarmen, ja, umarmen ist untrennbar!“

„Ja, meine Geliebte ... unsere Umarmung ist untrennbar, wir sind untrennbar, deshalb, ja ... bitte arme mich um!“

„Nein!“

„Wieso wieder ‚nein‘?“

„Ja, bitte, das meine ich nicht, ich meine das Verb, ja ... ja ... mach so weiter, schön ... das Verb ...“

„Was ist das? Wo ist das?“

„Du machst es falsch, mein Lieber. Ja, ja, schön, falsch ...“

„Mache ich es falsch? Was mache ich falsch? Warum denn? Gefällt es dir nicht, was ich tue?“

„Oh, doch, sogar sehr ... das ist schön, mach weiter so, ja, ja ...“

„Aber warum sagst du, ich mache etwas falsch? Was mache ich falsch?“

„Nein, nein, ich meine, ja, ja ...du konju ... konju ...ja, ja ...“

„Was? Kon you ...? Du meinst ‚fuck you‘? Wieso denn?“

„Nein, mein Lieber ... ich meine, du konjugierst falsch.“

„Was mache ich falsch? Du meinst, ich liebe dich falsch?“

„Nein, das Verb, das Verb ‚umarmen‘, ja, ja ... umarme mich, nicht: arme mich um!‘

„Wieder nicht, was soll das?“

„Ach, lass das! Es ist schön!“

„Was soll ich lassen? Soll ich aufhören?“

„Nein, mach bitte weiter ...“

Liebesblödigkeit in der U-Bahn Linie 1

1. Station: Jungfernstieg

Als ich einsteige, stürmen vier Schüler lärmend mit mir in den Wagen. Ich setze mich ganz hinten am Fenster in Fahrtrichtung. Das ist ein nobler Platz. Um diese Uhrzeit kann ich ihn selten erobern. Ich habe vor, „Die Liebesblödigkeit“ von Genazino zu lesen. Ich bin auf den letzten Seiten des Romans und will wissen, welche der zwei Frauen der Protagonist für sein Leben wählt: Sandra oder Judith? Oder keine von beiden? Ich nehme das Buch aus meiner Tasche. Die Teenager, drei Jungen und ein Mädchen, sitzen zwei Plätze entfernt und fangen an, laut zu sprechen. Die U-Bahn fährt los.

Die Müdigkeit steht den Mitfahrenden, die nach einem langen Arbeitstag nach Hause fahren, in die Gesichter geschrieben. Manche schließen die Augen, wenige lesen, überwiegend beschäftigen sie sich mit ihren Handys oder iPods. Von den wenigen sich unterhaltenden Leuten sprechen zwei alte Frauen und ein alter Mann mit sehr ernsthaften Mienen miteinander. Die Schüler reden pausenlos durcheinander. Ich höre nur Wörter und Eigennamen heraus, als würden sie keinen vollständigen Satz bilden können. Das Buch bleibt zwischen meinen Fingern geschlossen. Der Lärm, den die Kinder mit lauten Worten und Gelächter verursachen, lässt mir keine Ruhe zu lesen. Ich starre sie mit dem bösartigen Blick eines Tieres an, dessen Revier sich durch Grenzübertretungen von Artgenossen in Gefahr befindet. Ich bin aber kein tapferes Tier, das Fremde verscheucht, ich überlege mir, ob ich an der nächsten Station aussteigen und den Nebenwagen nehmen sollte. Die U-Bahn verlangsamt ihre Geschwindigkeit. Ich hoffe, die Kinder werden aussteigen. Die Bahn hält an, aber sie bleiben da und ich habe keine Lust, meinen Waggon zu wechseln. Ich fürchte, im anderem Waggon keinen passenden Platz zu finden, oder dass mir dort ein rücksichtsloser, laut sprechender Telefonierender noch mehr auf die Nerven geht.

2. Station: Stephansplatz

Ein Mann in den mittleren Jahren steigt ein. Er trägt zwei große Plastiktüten in der rechten Hand, in seiner linken hält er eine Dose Bier. Er spricht laut mit sich selbst. Er blickt herum und wirft sich und die Tüten auf den ersten freien Platz neben den vier Schülern, den Rücken zur Fahrtrichtung. Er nippt an seinem Bier und lacht laut. Fast alle Fahrgäste werden still und gucken ihn an. Manche runzeln die Stirn. Ich auch. Als die U-Bahn wieder losfährt, klingelt sein Handy. Sein Klingelton ist eine lateinamerikanische Salsa. Er sucht in seiner Jacken- und Hosentasche, dann in den Tüten, aber kann das Telefon nicht finden. Die Salsa-Klänge werden von Sekunde zu Sekunde lauter und lauter. Fast alle beobachten ihn. Die Jungen und das Mädchen, die den Nebenplatz eroberten, lachen laut über ihn.

Der Mann findet endlich sein Handy und versucht den Knopf zu drücken, aber es rutscht aus seiner Hand und fällt auf den Boden. Der Mann hebt es nicht auf, sondern fängt an zur Musik laut mitzusingen, während er seine Hände über seinem Kopf bewegt. Die vier Schüler lachen noch lauter über ihn. Sie scheinen jetzt glücklicher zu sein. Sie fangen an, wie der Mann ihre Hände zu bewegen. Der Mann und die Teenager tanzen und die anderen sehen ihnen zu und lachen. Eine unerwartete, willkommene Freude läuft wie eine Welle hin und her durch die

Menge. Die U-Bahn verlangsamt ihre Geschwindigkeit. Das Handy hört auf zu klingeln. Das Mädchen nimmt es vom Boden auf und händigt es dem Mann aus. Die U-Bahn hält an. Der Mann steckt das Telefon in seine Jackentasche, nimmt seine Tüten und geht schwankend raus auf den Bahnsteig.

3. Station: Hallerstraße

Die U-Bahn setzt sich in Bewegung. Durch die Anwesenheit des betrunkenen Mannes ist eine verborgene Glückseligkeit zum Vorschein gekommen. Ein zurückhaltendes Lächeln ist auf fast allen Gesichtern noch zu sehen. Aber dies macht die Kinder noch lauter. Sie finden jetzt ein neues Thema zum Lachen. Sie beschreiben wiederholt die Gestalt des Mannes und ahmen sein Verhalten nach. Ich beschließe, bei der nächsten Station den Waggon zu wechseln. Ich stehe mit dem Buch in der Hand auf und hänge mir meine Tasche über die Schulter. Die Schüler stehen auch auf und sammeln sich im Gang. Ich setze mich wieder hin. Die U-Bahn hält und die Kinder hasten davon.

4. Station: Klosterstern

Eine alte Frau steigt langsam und vorsichtig ein und guckt verwirrt umher. Sie nimmt den Platz, auf dem vorher die Kinder saßen. Ihre Augen tragen nichts Lebendiges in sich. Als ich mein Buch aufschlage, fängt sie an, laut zu sprechen. Zunächst kann ich sie nicht verstehen. Dann merke ich, dass sie Bibelverse rezitiert. Sie sitzt mit dem Rücken zur Fahrtrichtung, so kann ich sie gut beobachten. Sie schließt ihre Augen und spuckt Bibelworte aus ihrem Mund. Dazwischen ruft sie ab und zu Jesus. Die U-Bahn verlangsamt ihre Geschwindigkeit. Die Frau öffnet ihre Augen, bekreuzigt sich, steht langsam auf und geht zur Tür. Die Bahn hält an und sie steigt wieder aus, setzt ihre Füße vorsichtig auf den Bahnsteig, als könne er unter ihr nachgeben und sie verschlingen.

5. Station: Kellinghusenstraße

Ein Mann in den mittleren Jahren, der einen großen Schnurrbart trägt, und zwei jüngere Männer kommen mit Musikinstrumenten in den Händen herein und bleiben im Gang stehen. Einer hat eine Trommel, der andere ein trompetenähnliches Blasinstrument. Als die Bahn sich in Bewegung setzt, fangen sie zu spielen an. Der Trommler singt arabisch. Sie sind furchtbar laut. Der ältere Mann versucht mit schüchternem Gesicht, mit der Mütze in der Hand Geld zu sammeln. Die Leute runzeln überwiegend die Stirn und schütteln den Kopf Zwei kleine Mädchen stehen auf und klatschen im Takt der Musik. Sie sehen einander an und lachen voller Freude. Nur eine Frau steckt eine Münze in die Mütze des Schnurrbart tragenden Mannes. Als die Bahn anhält, stürmen sie raus, um rechtzeitig in den nächsten Waggon einzusteigen. Ich höre eine männliche Stimme, die laut verkündet: „Nervend."

Ich kann nicht sehen, zu wem sie gehört. Vor mir im Gang steht ein riesiger Mann. Ich bin dabei, ihm recht zu geben, als ich von der gleichen Stimme höre: „Annäherung durch Töne." Ich versuche, diese Aussage zu begreifen. Meint er, diese Araber würden sich durch Töne, bzw. Musik den Deutschen anzunähern versuchen? Der Mann äußerte dies in kritischem Ton. Er wusste offenbar nicht, was für einen schönen Gedanken er lieferte: Eine Annäherung der Kulturen durch die Musik! Hier ist bestimmt kein guter Platz für so was, aber immerhin!

6. Station: Hudtwalkerstraße

Während ich an weiterem tiefschürfenden Gedankengut bastele, steigt eine vierköpfige Familie ein: Mutter mit Kind, ein blonder Junge von fünf bis sechs Jahren und Großeltern. Der Vater fehlt. Sie nehmen die Plätze neben mir. Als der Lautsprecher „Zurückbleiben!" verkündet, fragt das Kind: „Warum müssen wir zurückbleiben?"

Die Mutter sagt: „Wenn du nicht zurückbleibst, wirst du zwischen den Türen zerquetscht."

Der Junge guckt mit verschüchtertem Blicken seine Mutter an und sagt: „Ich setze mich aber hier."

Der Großvater findet anscheinend die Erklärung der Mutter, wahrscheinlich seiner Schwiegertochter, nicht ausreichend und erklärt noch präziser und detailreicher, wie man durch U-Bahn-Türen zermalmt würde, hielte man sich nicht zurück. Die Großmutter will die Erklärung ihres Mannes ergänzen und nennt ein weiteres Beispiel für Gefahren im Leben, nämlich zermahlen werden unter Autos, „wenn du die rote Ampel nicht achtest."

Das Kind blickt mit großen Augen auf diese Drei und sagte: „Ich will aber nicht zerquetscht werden!"

Ich betrachte den Jungen. Sein verängstigter, verschüchterter Blick trifft auf meinen. Ich lächele ihn an. Er lässt seinen Blick wegschweifen und wirft ihn fragend auf seine Mutter, die gerade mit ihrer Tasche beschäftigt ist und das Kind nicht beachtet. Wieder verlangsamt die U-Bahn ihre Geschwindigkeit.

7. Station: Lattenkamp

Ich muss hier aussteigen. Ich stecke die „Liebesblödigkeit" in meine Tasche, ohne ein Wort gelesen zu haben. Ich stehe auf. Der Junge wendet sich mir schüchtern blickend zu. Ich lächele ihn wieder an.

Als ich zur Tür gehe, dreht er seinen Kopf, folgt mir mit seinen blauen Augen und mit einem blassen Lächeln.

Ich steige aus und laufe auf den Bahnsteig zur Treppe, als es aus dem Lautsprecher wieder ruft: „Zurückbleiben bitte!"

Alles in Ordnung!

Es war gegen 19 Uhr. Ich las einen Artikel über das Säbelrasseln zwischen Iran und Israel in der FAZ. Auf dem Nebensitz saß eine dunkelblonde Frau, in das Buch „Eine glatte Million“ von Nathanael West vertieft. Sie dürfte Mitte dreißig gewesen sein. Die U-Bahn hielt an, und ein Schwarzafrikaner mit tief sitzender Mütze kam geräuschvoll herein, sah sich kurz um, ging rasch zu der lesenden Frau, setzte sich ihr gegenüber, lächelte sie an und sagte „Hallo“.

Er wird etwa Mitte zwanzig gewesen sein. Die Frau erwiderte sein Lächeln. Der Mann fing ohne Zögern an zu sprechen, als kenne er sie schon lange:

„Arbeit fertig? Nach Hause?“

„Ja, Feierabend. Ich fahre nach Hause.“

„Arbeit schwer?"

„Nein, ich mag meine Arbeit."

„Was Arbeit?"

„Ich bin Tierärztin."

„Oh, Doktor für Tiere?"

„Ja, so kann man es auch ausdrücken."

„Ich nicht Arbeit. Ich Deutsch."

„Ach, sind Sie Deutscher?"

„Nein, ich no Deutsch, ich Deutsche lerne."

„Wie schön!"

„Was Unterschied ist zwischen Termin und Verabrede?"

„Eigentlich sind sie ähnlich."

„Kann ich mit du Termin machen?"

„Wozu brauchen Sie einen Termin? Besitzen Sie Tiere?"

„Tiere? Ich hab no Tier, no Frau."

„Wieso denn einen Termin?"

„Mit du Kaffee trinken."

„Ach so! Sie möchten sich mit mir verabreden?"

„Ja, verabreden."

„Ich kenne Sie aber nicht."

„Wir kennenlernen jetzt. Ich bin Moreniko. Deine Name?"

„Mein Name? Melanie."

„Verabreden, Melanie?"

„Nein, verstehen Sie mich bitte nicht falsch. So geht es nicht."

„Warum nicht? Wo wohnen Sie?"

„In Norderstedt.“

„Bist du allein?“

„Nein, ich wohne mit meinem Freund zusammen.“

„Macht nichts. Verabreden?“

„Nein, das geht nicht.“

„Warum nicht?“

„Weil ich nicht möchte.“

„Ach so. Ich muss nächste Station raus. Du auch hier raus? Zusammen raus?“

„Nein, nächste Station steige ich noch nicht aus. Ich muss weiter fahren.“

Die U-Bahn bremste ab. Der Mann streckte der Frau seine Hand entgegen und sie schüttelte ihm die Hand. Als die U-Bahn hielt, stieg der Mann aus und die Frau fing an, wieder in dem Buch zu lesen, das sie die ganze Zeit in ihrer Hand gehalten hatte. Ich wandte mich zu ihr um und sagte: „Aufdring lich!“

„Wie bitte?“, sagte die Frau verwundert.

„Der Mann eben war aber sehr aufdringlich!“

„Nein, alles in Ordnung.“

Heiratsantrag in der U-Bahn Linie 3

1. Station: Kellinghusenstraße

Ich steige hier von der U1 in die U3 um. Ich muss bis zur Sternschanze fahren, wo ich an der Hamburger Volkshochschule Unterricht erteile. Ich setze mich ans Fenster, mir gegenüber eine schlafende Frau, etwa Mitte dreißig. Ihr Kopf ist hingebungsvoll zur Seite des Fensters geneigt, ihr halboffener Mund scheint nach etwas suchend, sie wirkt erotisch.

Sie muss etwas Schönes geträumt haben, denn ein verborgenes Lächeln glättet ihre Lippen und scheint über ihr Gesicht. Was könnte jetzt in ihrem Kopf vorgehen? Ich versuche, ihren Traum zu träumen. Ich lasse mich fallen und stelle mir vor, dass sie gerade barfuß über eine grüne Wiese läuft, vielleicht mit ihrer Mutter, als spielendes Kind. Es ist ein sonniger Septembertag, wie heute. Sie trägt ein weißes Kleid mit orangefarbenen Blümchen. Sie läuft hinter ihrer Mutter her und versucht, laut lachend, sie zu fangen. Sie weiß nicht, wie sie von der Wiese auf einer Tanzfläche gelandet ist. Sie tanzt mit jemandem, den ich nicht kenne. Und ... jetzt ist sie in einem Zimmer voller Geschenke, ähnlich wie in ihrem Elternhaus an Weihnachten. Die Glückseligkeit glänzt auf ihrer Haut. Auf einem schönen Parkweg kommt sie mir, einem schwarzköpfigen Ausländer, entgegen. Ich lächle sie an. Sie blickt mich ängstlich an. Für einen Augenblick verblasst der Glanz des verborgenen Glückes auf ihrem Gesicht. Dann aber taucht wieder die innere Freude auf ihrer Haut auf, weil sie sich nun an einem schöneren Ort, am Meer, befindet. Obwohl Gegend und Menschen hier fremd erscheinen, fühlt sie sich glücklich. Fühlt sich nicht ängstlich oder bedrängt von fremden Gestalten, so wie sie ihre Begegnung mit mir im Park empfand, sondern umfangen vom endlosen Blau des Meeres und des Himmels. Als sie ihren Körper dem Wasser hingibt und anfängt zu schwimmen, bremst die U-Bahn ab. Sie öffnet die Augen, starrt mich eine Sekunde an, macht sich zurecht und sieht mit einem besorgten Blick zum Fenster hinaus. Sie versucht herauszufinden, an welcher Haltestelle wir sind, beruhigt sich und starrt vor sich hin ins Leere. Sie ist nicht mehr schön oder erotisch wie im Schlaf Ihre Augen haben eine schöne Farbe, aber mir scheinen sie gefühllos. Das getarnte Unglück verdunkelt ihre Haut. Ich sage lautlos: Willkommen in der unwirklich erscheinenden Wirklichkeit.

2. Station: Eppendorfer Baum

Eine Frau steigt ein. Ihre schwarzen Haare und die Gesichtszüge sehen orientalisch aus, wahrscheinlich eine Iranerin. Sie bleibt bei der gerade wach gewordenen Frau stehen, guckt sie fröhlich an und sagt „Hallo Nadine!"

Nadine hebt ihren Kopf zu der Stimme. Freude und Erstaunen bringen die Farben zurück auf ihr Antlitz. Sie erwidert: „Ach, du bist es, Maryam, was für eine Überraschung."

Maryam setzt sich neben sie. Nadine sagt lächelnd: „Lange nicht gesehen. Wo warst du denn?"

„Ich war im Iran", antwortete Maryam.

„Wie lange?"

„Etwa zwei Monate!"

„Oh, so lange! Warum reist du im Urlaub immer nach Iran? Was gibt es dort besonderes, das dich so in den Bann zieht? Deine Familie, die Verwandten? Oder ..."

„Weißt du was? Ich gehe dorthin, weil ich mich

dort mehr als eine Frau fühle."

„Wie meinst du das? Hier fühlst du dich nicht als Frau? Warum das denn?"

„Doch, aber im Iran ist alles intensiver und ich fühle mich dort weiblicher."

„Wie denn?"

„Dort gucken mich die Männer so erotisch an."

„Oh, aber überall betrachten die Männer Frauen irgendwie begehrend", sagt Nadine und lacht.

„Ja, aber dort gibt es etwas, was mir hier in Deutschland fehlt."

„Was denn?"

„Wenn ich unterwegs bin, sagen die vorbeigehenden oder am Rande der Straßen stehenden Männer etwas Schönes über mich."

„Zum Beispiel?"

Sie dämpft ihre Stimme und sagt leise: „Über meine Hüften, Brüste oder andere intime Teile."

„Was ...? Ach so ...!"

„Ja, weißt du was? Als ich damals noch im Iran lebte, störten mich solch *Matalak*, also Komplimente und Anzüglichkeiten, von Männern auf den Straßen. Damals fühlte ich mich schlecht behandelt und empfand sowas als Respektlosigkeit. Jetzt vermisse ich es aber, wenn ich länger in Deutschland bin. Hier sind die Männer nicht so ... Na ja ..."

Die Bahn verlangsamt ihre Geschwindigkeit. Nadine sagt „Leider muss ich hier aussteigen." Sie steht auf. „War schön, dich wieder gesehen zu haben."

„Ja, ruf mich an, ich würde dich gerne mal wieder treffen", sagt Maryam.

„Mache ich", sagt Nadine, „tschüss!"

3. Station: Hoheluftbrücke

Als Nadine auf dem Bahnsteig ist, winkt sie Maryam lächelnd zu und geht weg. Maryam rückt näher zum Fenster mir gegenüber. Ihr Blick erhascht meinen und sie dreht ihren Kopf zum Fenster. Ihr Gesicht errötet leicht. Sie war so tief im Gespräch mit Nadine, dass sie mich wahrscheinlich gar nicht wahrgenommen hatte und jetzt vermutet sie, dass ich Iraner bin und nun ihr Geheimnis kenne. Für sie ist es vielleicht nicht wichtig, ob Deutsche sie gehört haben könnten, aber vor einem Landsmann wird das Schamgefühl stark.

Ein ungefähr sechsjähriges Mädchen mit seiner Mutter kommt rein. Das Mädchen setzt sich neben Maryam und die Mutter sich neben mich. Das Mädchen steht wieder auf, während sie ihre Mutter aus dem Augenwinkel beobachtet. Als sie merkt, dass ihre Mutter sich mit dem Telefon beschäftigt, läuft sie zur Haltestange im Gang bei der Tür und dreht sich um sie herum. Die Bahn setzt sich in Bewegung. Als das Mädchen versucht, an der Stange zu klettern, ruft die Mutter sie laut zu sich. Das Mädchen setzt sich wieder ihr gegenüber und die Mutter spricht weiter mit dem Telefon. Das Mädchen guckt ihrer Mutter eine kurze Weile auf den Mund, ihr Blick trifft meinen und sie beugt sich über ihre blauen Turnschuhe, öffnet und bindet sich die Schuhe, bewegt ihren Kopf plötzlich so rasch nach oben, dass ihre dunkelblonden Haare nach hinten schleudern, guckt mich wieder an und lächelt. Aus dem Augenwinkel wirft sie einen Blick auf ihre Mutter, die gerade ihren Namen ausspricht: „Ja, ich kann es nicht genau sagen, weißt du ..., von mir aus soll er sich zum Teufel scheren! Ja, Steffie ist bei mir ..."

Steffie steckt ihre rechte Hand in ihre rote Jackentasche, holt sie geballt wieder heraus und streckt sie mir zu, ohne sie zu öffnen, als wolle sie mich fragen, rate mal, was ich in der Hand habe? Ich sage nichts und sie öffnet ihre Faust. Eine Muschel liegt auf ihrer Handfläche. Ich sage lächelnd: „Sehr schön!" Sie erwidert: „Das kostet fünfzig Cent." Die U-Bahn verlangsamt ihre Geschwindigkeit. Die Mutter wirft mir einen leicht feindseligen Blick zu, steht auf, nimmt die Hand ihrer Tochter und zieht sie mit sich. Die Frau bleibt telefonierend im Gang stehen und sagt laut: „Der Tag ist ohnehin im Eimer!" Steffie fängt wieder an, sich um die Haltestange zu drehen. Ich glaube, sie werden an der nächsten Station aussteigen.

4. Station: Schlump

Steffie und ihre Mutter steigen aber nicht aus. Ein schmutzig gekleideter Mann mit Stoppelbart kommt rein und bleibt bei Steffies Mutter stehen. Sie runzelt ihre Stirn, rümpft die Nase, nimmt Steffies Hand und geht weiter auf die andere Seite, zum nächsten Gang. Der Mann schimpft laut. Er versucht etwas zu erklären: „Meine Frau hat mich vor sieben Jahren verlassen. Seitdem bin ich obdachlos." Er will nicht betteln, nur sprechen. Er erwartet nicht, dass irgendjemand mit ihm redet oder ihm überhaupt zuhört. Er läuft weiter in die Richtung von Steffies Mutter und bleibt wieder bei ihr stehen. Sie wechselt erneut ihren Platz und kommt telefonierend zurück. Der Mann läuft laut sprechend im Gang hin und her, bleibt manchmal stehen und guckt herum. Jedes Mal läuft auch Steffies Mutter hin und her, um ihm zu entkommen. Sie glaubt wahrscheinlich, dass der Mann sie verfolgt, aber er ist derart in sich gefangen und spricht so selbstversunken, dass er die anderen überhaupt nicht wahrnehmen kann. Steffie amüsiert sich anscheinend bei diesem Spiel, so hin und her gerissen zu werden. Sie lacht laut und läuft hinter ihrer Mutter her.

Ich muss an der nächsten Station aussteigen, bin aber neugierig, was der Mann weiter sagt oder auslöst und wie Steffies Mutter wohl reagieren wird. Ich habe noch genug Zeit und überlege mir, bis zur

Feldstraße weiterzufahren, um von dort mit der Bahn oder zu Fuß zurückzukehren.

Die U-Bahn bremst. Zwei Frauen mit zwei Jungen zwischen etwa acht und elf Jahren steigen ein und lassen sich auf den Nebensitzen nieder. Die Kinder sprechen Persisch.

Ein blinder Mann kommt ebenfalls in unseren Waggon. Ein junger Mann, der auf dem gekennzeichneten Behindertenplatz sitzt, steht auf und will ihm den Platz überlassen. Ich weiß nicht, wie der Blinde dies bemerkt. Er sagt „Bleiben Sie ruhig sitzen“. Der Blinde setzt sich auf die Kante des Sitzes. Als der Lautsprecher „Zurückbleiben bitte“ ankündigt, springt der verrückte Mann plötzlich durch die sich bereits schließende Tür nach draußen. Ich bleibe verblüfft zurück, mit dem Gefühl eines in seiner Naivität gefangenen, hereingelegten Menschen.

5. Station: Sternschanze

Der Blinde holt ein Gerät aus seiner Tasche, legt es auf seinen Schoß und fängt an, auf Knöpfe zu drücken. Sein Fingerdruck auf die Tasten lässt ein schmales telegrammartiges Papier aus dem Gerät herauswachsen, das länger und länger wird, bis sich das Papier wie eine weiße Schlange auf dem Boden ringelt.

Die beiden persisch sprechenden Jungen gucken dem Blinden eine kurze Weile erstaunt zu, dann fangen sie an, mit einem Gameboy zu spielen. Die Kinder sprechen akzentfrei Persisch. Ich vermute, sie sind entweder nur zu Besuch oder sie leben noch nicht so lange hier. Unsere Kinder, die hier aufgewachsen sind, sprechen Persisch nicht nur mit deutschem Akzent, sondern ein Persisch-Deutsch-Gemisch, eine Art Perdutsch.

Die ältere Frau, wahrscheinlich die Mutter der Jungen, spricht auf Persisch über die Heirat ihrer Tochter. Sie sagt, ein selbstständiger junger Mann wolle sie heiraten, aber ihre Tochter meine, er sei und denke immer noch orientalisch.

„Was meint sie mit orientalisch?", fragt die andere, jüngere Frau.

„Ja, meine Tochter sagt, dass er immer noch gheyrati und nāmusi sei", sagt die ältere Frau.

Solche Wörter kann man nicht genau ins Deutsche übersetzen. Entweder es gibt sie nicht in der deutschen Sprache oder die Begriffe sind veraltet. Von derartigem hört man in westlichen Großstädten nicht mehr. Ja, für gheyrati kann man mit Vorsicht vielleicht „Eiferer" verwenden im Sinne eines eifersüchtigen Wachens über seine Familie. Nāmus sind alle weiblichen Familienmitglieder, besser gesagt: das weibliche Eigentum. Nach der Heirat betrachtet der Ehemann die Frau als sein Eigentum, wie auch die anderen weiblichen Angehörigen des Haushaltes, die Mutter und besonders seine Schwestern. Wenn ein fremder Mann es auch nur wagt, einer seiner Frauen Komplimente zu machen oder zu flirten, wird so ein Mann derart gheyrati, dass er sich sofort auf diesen „Eindringling" stürzen könnte, um ihn zu verprügeln.

Die ältere Frau erzählt weiter, ihr Neffe sei als Gast aus Teheran gekommen. Er sei ein passender Mann für ihre Tochter. „Der Junge ist sehr bā sharaf (ehrenhaft). Ich weiß nicht, wie ich es anfangen könnte, ihm zu sagen, dass er hierbleiben und unsere Tochter heiraten soll."

„Aber er kommt gerade frisch aus Iran, er wird wirklich noch sehr gheyrati sein."

„Nein, er ist sehr modern eingestellt."

„Ja, aber sie sind nur in der oberflächlichen Erscheinung modern. In ihren Taten sind sie weiterhin patriarchalisch und reagieren entsprechend auf Irritationen."

„Aber nicht alle sind so."

„Ja, du hast Recht, aber viele von ihnen denken immer noch wie unsere Väter."

Ich möchte dieser Diskussion weiter folgen, aber ich habe nicht genug Zeit, um noch eine Station weiter, bis St. Pauli, mitzufahren. Der ältere, rundliche Junge sagt laut auf Persisch, während er auf meine Tasche deutet: „Schau mal, dieser Mann hat eine weibische Tasche!"

Die U-Bahn verlangsamt ihre Geschwindigkeit. Ich gucke ihm direkt in die Augen und sage auf Persisch „Meine Tasche ist nicht weiblich. Außerdem gibt es heutzutage bei so was keinen Unterschied zwischen Weiblichem und Männlichem.“

6. Station: Feldstraße

Die Augen des Jungen werden so rund wie er selbst. Er und das andere Kind sehen mich mit einer Mischung aus Angst und Erstaunen an. Ich stehe auf. Die Frauen hören auf zu reden und alle vier sehen mich so erschrocken an, als hätten sie einen Teufel gesehen. Die Frau, die einen Mann für ihre Tochter sucht, entschuldigt sich schüchtern: „Bebachschid Aghä (Entschuldigen Sie, Herr)“. Der Zug hält an. Ich erwidere: „Kein Problem, inschallah, finden Sie einen guten Mann für Ihre Tochter!“ und steige rasch aus, ohne zurückzublicken.

Als ich auf dem Bahnsteig bin, betrachte ich forschend meine schwarze Umhängetasche. Was ist daran weiblich?

Die Krawatte

Heute ist Samstag und ich bin zu einer Party eingeladen. Es werden viele Hamburger Prominente anwesend sein, sagte meine Schülerin, die Tochter eines Senators. Die Party findet im Hotel Atlantik an der Alster statt. Ich freue mich sehr darauf, daran teilzunehmen.

Anlass ist die Verleihung des Literaturpreises „Hamburgensie“ durch einen Rundfunksender. Das Publikum hat unter den eingesandten typisch hamburgischen Alltagsgeschichten die Beste ausgewählt und der Preis wird heute Abend im feierlichen Rahmen verliehen.

Nein, ich gehöre nicht zu den Prominenten dieser Stadt. Ich bin ein einfacher Lehrer und lebe allein. Ich erteile der Tochter des Senators Privatunterricht. Ich habe ihren Vater ein paar Mal gesehen und mit ihm einige Worte gewechselt, als ich bei ihnen war. Wider Erwarten ist er ein netter, sympathischer Mensch. Aufgrund dieser Bekanntschaft bin ich eingeladen.

Auf der Einladungskarte wird man aufgefordert, in Anzug mit Krawatte zu erscheinen. Ich habe nur ein einziges Mal in meinem fünfzigjährigen Leben eine Krawatte getragen, was mir kein Glück gebracht hat: bei meiner Hochzeit!

Gestern kaufte ich mir extra eine mit winzigen blau-weißen Blumen gemusterte Krawatte. Ich glaube, sie passt gut zu meinem weißen Hemd und dem zehn Jahre alten, kaum getragenen, dunkelblauen Anzug.

Es ist jetzt 18 Uhr und der Empfang beginnt um 19 Uhr. Ich rechne mit einer halben Stunde, um mich vorzubereiten. Von meiner Wohnung bis zum Hotel Atlantik brauche ich ungefähr dreißig Minuten. Mein Gesicht habe ich bereits vor einer Stunde rasiert. Ich wollte mich nicht wie sonst immer in letzter Minuten rasieren und mich vielleicht aufgrund der Eile mit der Klinge verletzen. Ich ziehe mein Hemd und den Anzug an, mustere mich im Schlafzimmerspiegel, fahre mir mit der Hand glättend über das Haar.

Neben meinem Schlafzimmer habe ich noch ein zweites Zimmer. Es ist größer als mein Schlafzimmer und ich verwende es als Wohnzimmer und zugleich als Arbeitszimmer. Dort stehen auch meine Bücherregale, der Fernsehapparat, ein Tisch und eine Tafel mit bunter Kreide für den Privatunterricht, wenn die Schüler zu mir kommen.

Die Krawattenschachtel liegt auf dem Bett im Schlafzimmer. Ich strecke die Hand danach aus, öffne sie und bin entsetzt: „Nein, das kann nicht wahr sein", sage ich laut. Die Krawatte liegt da, nagelneu, aber ohne vorbereiteten Knoten und ich habe keine Ahnung, wie man eine Krawatte bindet! Was soll ich jetzt tun? Minutenlang bleibe ich regungslos stehen und starre die Krawatte an. Dann setze ich mich ans Fußende des Bettes und versuche, die Krawatte zu knoten. Ich versuche es wieder und wieder, aber jedes Mal geht es schief. Außerdem mache ich sie durch meine Ungeschicklichkeit knittrig. Ich habe weder Lust noch Zeit, sie wieder zu bügeln.

Ich ziehe mein Jackett wieder aus und lege es auf das Bett. Dann überlege ich: Soll ich meinen Freund anrufen, um ihn um Hilfe zu bitten, oder soll ich einfach ohne Krawatte zu der Party gehen? Allerdings fürchte ich, dass die Türsteher mich ohne Krawatte nicht einlassen werden. Obwohl ich nicht viel Zeit habe, entscheide ich mich dafür, meinen Freund anzurufen. Seine Wohnung liegt auf dem Weg zum Hotel Atlantik. Ich könnte bei ihm vorbeifahren.

Ich rufe ihn an. Niemand meldet sich. Der Trottel ist offenbar nicht zu Hause. Ein Handy hat er auch nicht. Er benutzt immer noch das altmodische Telefon mit Hörer und Drehscheibe. Es dürfte aus den sechziger Jahren stammen. Dieser Dinosaurier will kein Handy haben, er hat nicht mal einen Anrufbeantworter. Er will sich von dieser „modernen, hysterischen, kommunikativen Krankheit", wie er es nennt, nicht anstecken lassen, hat keine Lust, dass ständig jemand in seine Privatsphäre eindringen kann. Das ist nun das Ergebnis seiner blöden Philosophie. Jetzt brauche ich seine Hilfe und kann ihn nicht erreichen. Was soll ich tun? Ich habe noch einen Freund, der wahrscheinlich eine Krawatte knoten kann. Aber der wohnt weit entfernt in Geesthacht.

Ich gehe ideenlos durch den Flur in die Küche, trinke ein Glas Wasser, werfe einen Blick durch die Glastür auf den Balkon und auf die zwei Töpfe mit halb vertrockneten Osterglocken und Tulpen. Das schwache, durch den wolkenverhangenen Aprilhimmel dringende Licht kündigt den herankriechenden Sonnenuntergang an. Ich gehe in der Küche ein paar Mal auf und ab, nehme eine Zigarette und gehe auf den Balkon. Als ich tief Luft hole und mir die Zigarette anzünde, fliegt eine Amsel vom Kirschbaum des Nachbargartens auf. Unten sehe ich den alten Mann, der wie immer im Garten seines Hauses mit

Basteleien beschäftigt ist. Mit ihm wechselte ich in den fünf Jahren meines Lebens in dieser Wohnung kein Wort. Wir begrüßen einander nicht einmal mit einem Kopfnicken. Er ist Rentner und wohnt mit seiner Frau in der Backsteinvilla nebenan. Ich beobachte ihn, wenn ich auf dem Balkon bin oder durchs Fenster nach draußen schaue. Er ist seit drei Tagen damit beschäftigt, irgendetwas größeres, ich glaube einen Schuppen, zu bauen. Er muss früher Tischler oder Maurer gewesen sein, weil er in seinem Garten ständig etwas auf- und abbaut. Er baut so lange Dinge auf, bis kein Platz mehr zum Bewegen übrig bleibt. Dann baut er eines nach dem anderen wieder ab und stellt anschließend wieder etwas Neues her. So baut er mal einen Schuppen, mal eine Garage, mal einen Wintergarten. Manchmal repariert er den Rasenmäher oder pflastert den schmalen Pfad neu, der von seiner Garage zur Straße führt. Man hört ständig sein Hämmern, das Heulen seiner Bohrmaschine, das Kreischen von Sägen und Schleifmaschinen. Ich habe nur im Winter meine Ruhe. Dann werkelt er im Haus oder in der Garage, denn in seinem Alter wagt er sich nicht mehr nach draußen bei Kälte und Schnee. Seine hagere Frau sehe ich selten im Garten. Ab und zu taucht sie mit ihrem kurz geschnittenen, schneeweißen Haar auf dem Balkon in der oberen Etage auf, um zu rauchen. Ich empfinde eine gewisse Sympathie für sie, ich weiß nicht warum. Vielleicht, weil wir beide Raucher sind oder weil in ihrer Raucherpose ein gewisser Charme aufscheint und in ihren Bewegungen etwas Beruhigendes liegt.

Als ich an einem Sonntag im Sommer vor zwei Jahren auf dem Balkon ein Buch las, störte mich wieder mal der Lärm der Bohrmaschine. Ich konnte es einfach nicht mehr aushalten und beschimpfte ihn. In all dem Lärm hörte er natürlich meine Schimpfkanonade nicht. Ich hätte wahrscheinlich nicht gewagt, solche schlimmen Worte wie „du alte Sau“, „du dämliches Arschloch“ oder „du blöder alter Sack“ in den Mund zu nehmen, wenn der schützende Lärm der Bohrmaschine nicht gewesen wäre. Als er mit dem Bohren fertig war, schrie ich empört: „Lass uns doch wenigstens am Sonntag unsere Ruhe haben!“ Er guckte nach oben, musterte mich kurz, wandte mir den Rücken zu und ging ins Haus, ohne ein Wort zu sagen. Mein Protest zeigte aber tatsächlich Wirkung. Er arbeitete nie wieder am Sonntag im Garten. Trotzdem ist noch Lärm aus seinem Haus zu hören, weil er jetzt sonntags im Haus arbeitet. Ich begreife nicht, wie seine Frau das alles aushält, wie sie so gelassen sein kann.

Im letzten Sommer baute er einen kleinen Swimmingpool in der Mitte des Gartens. Als ich merkte, dass er oder seine Frau nie in dem Swimmingpool waren, dachte ich mir, er habe ihn wahrscheinlich für seine Enkelkinder gebaut. Aber der Sommer ging vorbei und kein Mensch nutzte das Becken. Ich sah nie ein Kind in diesem Garten. Im Herbst baute er den Pool wieder ab.

Ich denke mir nun, dass er vielleicht eine Krawatte knoten kann und dass ich laut nach dem Mann rufen und ihn um Hilfe bitten könnte, aber ich wage es nicht, ihn zu fragen. Wahrscheinlich hat er nicht vergessen, wie ich ihn aufgrund des Lärmes an jenem Sonntag angebrüllt habe. Außerdem: Vielleicht hat er etwas gegen Ausländer!

Das bringt mich auf den Gedanken, meinen nächsten Nachbarn, mir direkt gegenüber, zu fragen, ob er die Krawatte knoten kann. Der Mann ist Afghane, ungefähr Mitte dreißig. Seine Frau ist jünger und vermutlich Polin. Sie sind seit etwa drei Jahren hier. Sie sehen wie Leute vom Lande aus und sind nicht besonders redselig. Ich wechsele manchmal mit dem Mann ein salām, also ein „Hallo" auf Persisch, wenn wir uns zwangsläufig hin und wieder auf der Treppe begegnen. Sein Antlitz wirkt bitter und voller Leid, wahrscheinlich Spuren seines harten Lebens in Afghanistan oder sonst irgendwo. Ich hatte mir ausgemalt, dass der Mann unterwegs auf seiner Flucht in einem Dorf in Polen gelandet war. Das Mädchen war damals noch ein Backfisch und hatte noch nie einen Orientalen gesehen. Sie verliebte sich in den exotischen, geheimnisvollen Fremden, einen sie befreienden Prinzen aus dem Märchenland. Ihre Eltern erlaubten die Heirat nicht und die Liebenden mussten zusammen nach Deutschland fliehen.

Diese Geschichte könnte man zu einem melodramatischen Film entwickeln. Fügt man diesem Film ein paar Gesangs- und Tanzszenen nach Bollywood-Art hinzu, könnte er viele sentimentale Zuschauer anziehen und groß Kasse machen.

Das Mädchen wirkt noch sehr jung, ist erst Mitte zwanzig. Sie sagt nie „Hallo“ oder ähnliche Begrüßungsworte. Sie hat sie vielleicht gar nicht erlernt. Die beiden und ihre drei Kinder, ein Junge und zwei Mädchen im Alter von etwa zwei bis acht Jahren, sehen alle bitter und mürrisch aus. Ihr lärmendes Herumrennen und das Geschrei dringen durch die dünnen Wände des Mietshauses in mein Zimmer.

Ich bin nicht sicher, ob dieser Mann überhaupt jemals eine Krawatte getragen hat! Ich habe aber keine andere Wahl. Außerdem will ich nicht womöglich Menschen unterschätzen, bevor ich sie auf die Probe gestellt habe, denn das machen die Deutschen oft mit mir, was ich als beleidigend empfinde.

Ich drücke die Zigarette in dem Aschenbecher aus, der auf dem Küchentisch steht, schlüpfe in meine ausgelatschten Leder-Pantoffeln *Made in Iran*, nehme meine Krawatte mit und öffne die Wohnungstür. Auf dem Treppenabsatz zögere ich kurz
und drücke dann aber doch den Klingelknopf der

Nachbarn. Die junge Frau öffnet die Tür langsam einen Spalt breit. Ihre bunte Bluse ist nicht bis oben zugeknöpft, der Ansatz ihrer weißen Brüste ist zu sehen. Ein kleines, plärrendes Mädchen klammert sich an ihren orangefarbenen Rock. Sie steht im Türspalt und sieht mich unsicher an. Ich sage „Hallo!“ Sie erwidert meinen Gruß nicht. Ich bin nicht sicher, ob sie überhaupt Deutsch versteht. Trotzdem frage ich sie, ob ihr Mann zu Hause sei. Sie verneint, indem sie nach orientalischer Art kurz den Kopf hebt. Ich will wieder gehen, beschließe aber, sie zu fragen, ob sie so etwas vielleicht kann. Ich strecke meine Hand mit der Krawatte zu ihr aus. Sie guckt mich verwirrt und ängstlich an. Ihre blassgrünen Augen werden rund. Sie gibt ein merkwürdiges Aufstöhnen von sich, hebt das Kind vom Boden auf ihre Hüfte und schließt die Tür nachdrücklich.

Ich gehe weiter zum nächsten Nachbarn, der mit seinem Sohn unter mir im zweiten Stockwerk wohnt. Er ist ein alleinerziehender Vater, mit dem ich mehr als Begrüßungsworte wechsele, das heißt wir sprechen manchmal auch über das Wetter. Ich klingle. Er ist nicht da. Was soll ich jetzt tun? Es ist fast halb sieben. Die Zeit vergeht schnell und ich muss mich beeilen. Ich drücke einfach auf den Klingelknopf des gegenüber wohnenden Nachbarn. Es dauert lange, bis die Tür sich langsam einen Spalt öffnet und ein kleiner blonder Junge im

St. Pauli T-Shirt zum Vorschein kommt. Er guckt mich neugierig an. Ich frage ihn, ob sein Papa zu Hause sei. Er sagt nichts. Ich frage, ob seine Mama zu Hause sei. Er guckt mich gelangweilt aus seinen kleinen blauen Augen an, ohne etwas zu sagen. Ich frage ihn, warum er mir nicht antwortet. Er zögert für Sekunden, sagt dann schnell: „Ich darf nicht mit Fremden sprechen!“ und schließt die Tür.

Ich gehe die Treppe runter ins erste Stockwerk. Hier wohnt ein junges Paar, ein Deutscher und eine Schwarzafrikanerin. Sie wirken immer fröhlich. Auf ihren Lippen ist immer ein Lächeln zu sehen, als wären sie lächelnd geboren. Ich glaube, dass die afrikanische oberflächliche Wärme ihre Wirkung auf den Jungen ausgeübt hat. Sie werden mir helfen, denke ich. Ich drücke auf den Klingelknopf. Nichts rührt sich. Ich klingle noch einmal. Nein, niemand ist da. Jetzt will ich mich an die Bewohner der Wohnung gegenüber wenden. Ich erinnere mich nicht, die Leute jemals getroffen zu haben. Vielleicht ist diese Wohnung leer. Trotzdem klingle ich. Niemand öffnet die Tür. Ich schaue auf die Uhr: 18:35. Ich gehe zum Erdgeschoß und klingle an der Tür eines anderen Nachbarn. Hier wohnt ein altes Paar, das ich hin und wieder unterwegs sehe. Sie machen vorsichtige kleine Schritte, während sie sich gegenseitig an den Händen fest halten. In den letzten fünf Jahren begrüßte ich sie nicht mehr als zwei, drei Mal. Sie passen immer so ängstlich und konzentriert auf ihre Schritte auf, dass sie die anderen meist nicht mal wahrnehmen können. Ich höre, wie der Schlüssel sich im Schloss dreht. Die alte Frau kommt im Schlafanzug im Türspalt zum Vorschein und sagt, dass sie nichts kaufen möchte. Ich erkläre ihr, dass ich nichts verkaufen wolle, ich sei ihr Nachbar aus dem dritten Stock und wolle mit ihrem Mann sprechen.

„Was willst du von meinem Mann? Er ist krank!“, sagt die Frau. Ich erkläre wozu ich seine Hilfe brauche, während ich ihr die Krawatte zeige. Die Frau mustert mich argwöhnisch, runzelt die Stirn und sagt: „Oh, nein, es geht nicht! Mein Mann ist krank!“ Sie schließt die Tür. Ich höre, wie sie den Schlüssel zweimal in Schloss umdreht.

Der gegenüber wohnende Nachbar ist auch nicht zu Hause. Jetzt ist es bereits 18:45 Uhr und ich weiß nicht, was ich tun soll. Ich mache die Eingangstür auf und gehe einfach ziellos auf den Bürgersteig. Diese Straße ist sehr ruhig und es sind nur wenige Leute unterwegs. Ich sehe eine Frau mittleren Alters mit einer Plastiktüte in der Hand und einer Umhängetasche um ihre Schulter, die mir entgegenkommt. Als sie auf meiner Höhe ist, strecke ich ihr meine Hand mit der Krawatte entgegen, um sie zu fragen, ob sie sie mir knoten kann. Die Frau bleibt kurz stehen, unterzieht meine Hand mitsamt Krawatte einem misstrauischen Blick und zieht die Umhängetasche enger an sich. Plötzlich schreit sie auf, als sehe sie eine Schlange in meiner Hand. „Lass mich in Ruhe!“, brüllt sie und rennt schnell weg. Zwei Passanten, eine Frau und ein Mann, auf der anderen Seite der Straße bleiben stehen und starren mich, miteinander redend, neugierig an. Ich denke, vielleicht können sie mir helfen. Als ich ihnen zuwinke, gehen sie schnell weiter. Ein Auto fährt an mir vorbei. Ich spüre plötzlich die Kühle der Dämmerungszeit im Frühjahr auf meiner Haut. Ich glaube, es wäre besser, wenn ich wieder nach Hause ginge. Vielleicht geht es auch ohne Krawatte. Als ich mich zur Eingangstür umdrehe, zieht die Rotklinkerfassade des Nachbarn meine Aufmerksamkeit auf sich. Fragen schadet ja nichts, denke ich mir. Jemand, der so viele Sachen so leicht bauen und abbauen kann, müsste auch einen einfachen Knoten schaffen können. Ja, dies wäre mein letzter Versuch, meine letzte Chance. Ich habe mir das selbst eingebrockt und muss es nun auch selbst auslöffeln.

Ich mache mich auf den Weg zur Eingangstür des Nachbarn, stehe vor der Tür, neben der eine kleine Statue über das Haus wacht. Ein krank wirkender Löwe, dessen Pfoten an einem Schild befestigt sind. Ich klingele, ohne zu zögern. Eine Sirene heult auf. Ich glaube, ein Ambulanz- oder Polizeiwagen fährt in die Straße. Aber das Heulen wird schwächer und ist bald nicht mehr hörbar. Keiner öffnet die Tür. Ich bin sicher, dass er da ist. Ich habe ihn vor zwanzig Minuten in seinem Garten arbeiten sehen. Vielleicht ist seine Frau nicht zu Hause und er hört die Klingel nicht. Ich klopfe kräftig an die gedrechselte Flügeltür. Sie öffnet sich einen Spalt breit. Entweder haben sie vergessen, die Tür zu schließen oder die Frau ist nur kurz draußen. Ich studiere die Umgebung. Weit und breit ist niemand zu sehen. Ich schiebe die Tür ein wenig weiter auf und rufe: „Hallo!" Jetzt kann ich durch den Türspalt einen Teil des Korridors mit der Garderobe sehen. Ich mache die Tür ganz auf und sage wieder „Hallo! Ist jemand da? Hallo!" Keiner antwortet mir. Ich kann bis zu einem Zimmer am Ende des Korridors – wahrscheinlich dem Wohnzimmer – sehen, dessen Glastür zum Garten führt. Ich gehe rein. Ich denke, ich kann den Mann im Garten antreffen. Im langen Flur hängen Familienfotos, sepiafarbene und farbige Portraits, in hölzernen oder Messing-Rahmen und auch kleine Gemälde von bekannten Ruinen und prächtigen Gebäuden aus aller Welt. Ich bin jetzt in der Mitte des Korridors und kann den Mann durch die Glastür des Wohnzimmers nicht sehen. Vielleicht arbeitet er auf der anderen Seite des Gartens.

Wenn der Mann oder die Frau in diesem Augenblick auftauchen würden, was würden sie denken? Würden sie mir glauben, wenn ich erklärte, warum ich hier bin? Ich spüre plötzlich aufsteigende Panik. Ich will wieder zurück. Als ich mich umdrehe, streift mein Blick etwas im auf der rechten Seite liegenden Zimmer. Ein riesiges, dunkles hölzernes Doppelbett und ein noch größerer Schrank, dessen Flügeltüren weit offen stehen, das Schlafzimmer. Das durch den Tüllvorhang fallende Licht reicht noch aus, um die Gegenstände im Zimmer zu erkennen. Der Schrank ist vollgestopft mit Massen von Kleidungsstücken. In diesem Schrank sind bestimmt auch geknotete Krawatten, denke ich mir. Ich gehe hinein, trete noch einmal zurück in den Flur und blicke forschend nach beiden Seiten. Als ich gar nichts höre und niemand sehe, trete ich wieder ins Schlafzimmer und zum Schrank. Ich suche im Schrank nach geknoteten Krawatten. In diesem Schrank befindet sich, wie wahrscheinlich in allen Kleiderschränken der Welt, fast dreimal so viel Frauen- wie Männerkleidung. Ich finde endlich eine Schublade voller Krawatten, aber keine davon ist bereits geknotet. Mir tritt Schweiß auf die Stirn. Ich fahre mir mit dem Handrücken darüber. Wütend suche ich weiter unter den auf Bügeln hängenden Anzügen. Im Schrank riecht es streng nach einer Mischung aus billigem Parfum und Naphthalin, was das Atmen erschwert. Endlich finde ich eine Fertigkrawatte mit Gummizug um den Kragen eines Hemdes hängend. Ich nehme sie ab. Als ich an der Längsseite des Bettes vorbei gehe, fällt mein Blick auf etwas Goldenes. Einige juwelenbesetzte Schmuckstücke liegen auf der Schminkkommode. Ich spüre das Bedürfnis, eines davon einfach mitzunehmen, und gehe zur Kommode. Im Spiegel blickt mir mein verzerrtes, mir unheimlich und fremd gewordenes Gesicht entgegen. Was mache ich hier, frage ich mich und werfe noch einmal einen Blick auf die goldene Halskette und die zwei, drei edel-steinbesetzten Ringe. Als ich meine Hand nach den Juwelen ausstrecke, höre ich eine brüchige weibliche Stimme: „Hallo ... hallo ... wo bist du ... Helmut?“ Ich verstecke mich schnell hinter der Tür. „Helmut! Wo bist du? Warum ist die Tür auf?“, sagt die Frau laut.

Hoffentlich kommt sie nicht ins Schlafzimmer. Wenn sie hereinkommt, was soll ich dann machen?

Ich kann diese zierliche, sympathische Frau doch nicht einfach K. o. schlagen. Vielleicht könnte ich sie schubsen, damit sie zu Boden fällt, bevor sie mich erkennt. Verfolgen könnte sie mich wahrscheinlich nicht. In ihrem Alter kommt man nicht schnell genug wieder auf die Beine. Ich wäre längst über alle Berge, ehe sie sich aufgerappelt hätte.

Ihre Stimme, die immer noch nach Helmut ruft, ist jetzt von der anderen Seite des Korridors zu hören. Wahrscheinlich geht sie in den Garten.

Ich gehe leise in den Korridor und beobachte

dabei die Gartenseite. Die Frau ist nicht zu sehen. Ich gehe zur Eingangstür und drehe den Türgriff sehr vorsichtig und leise, um keinen Lärm zu verursachen. „Nein!“, entfährt es mir. Die Tür ist abgeschlossen! Was soll ich jetzt tun? Ich fühle mich wie ein wildes Tier, das in einem Käfig gefangen sitzt, und suche verwirrt nach dem Schüsselbund. Doch weder auf der Garderobe noch auf dem kleinen Schuhschrank liegt das verflixte Ding.

Meine Ex-Frau hatte den Schlüsselbund immer auf den Küchentisch gelegt, wenn sie vom Einkaufen nach Hause kam. Vielleicht ist das eine weibliche Angewohnheit und diese Frau macht das gleiche! Aber wo ist die Küche? Außer der Tür zum Schlafzimmer und Wohnzimmer am Ende des Korridors, gibt es noch zwei Türen. Eine davon muss die zur Küche sein. Ich gehe weiter. Das erste Zimmer sieht wie ein Arbeitszimmer aus, daneben befindet sich eine nach oben führende hölzerne Treppe. Wenn die Eheleute jetzt hereinkämen, kann ich nach oben fliehen. Das ist eine winzige, aber eigentlich trügerische Hoffnung. Die nächste Tür führt tatsächlich in die Küche. Von hier aus kann ich das Ehepaar durch das Fenster im Garten sehen, wie sie dort stehen und miteinander reden. Ich muss mich beeilen. Auf einem runden Tisch liegen verschiedene Lebensmittel. Ich durchwühle die Sachen mit zitternden Händen. Da liegt der Schlüsselbund unter einem Netz voller Tomaten. Ich nehme ihn und gehe in den Korridor. Die Eheleute sind nicht mehr im Garten zu sehen. Kommen sie jetzt rein? Ich muss mich wirklich beeilen. Es sind sechs, sieben Schlüssel, die sehr ähnlich aussehen. Welcher gehört zur Eingangstür? Ich fange an, einen nach dem anderen auszuprobieren. Das Ehepaar kann jeden Moment auftauchen. Als auch der vierte Schlüssel die Tür nicht öffnet, kommt mir der böse Gedanke, dass wahrscheinlich keiner zur Eingangstür passt. Vielleicht benutze ich auch aus Nervosität den gleichen Schlüssel mehrfach. Mein Körper fühlt sich unter der Kleidung feuchtkalt an. Ich wische mir mit dem Ärmel über die Stirn. Beim fünften Versuch gleitet der Schlüssel endlich in den Zylinder. Ich mache die Tür sehr leise auf, gehe raus und renne so schnell ich kann nach Hause.

Unsere Eingangstür steht zum Glück weit offen. Jemand benutzt den Türstopper, wahrscheinlich jemand, der hin und her läuft, um sein Auto zu entladen und Einkäufe ins Haus zu tragen. Ich mache das auch immer, um nicht jedes Mal wieder die Tür öffnen zu müssen.

Es ist kurz nach sieben. Ich haste die Treppe hinauf, muss mein Jackett und die Halbschuhe anziehen und den Autoschlüssel holen. Beim Hinauflaufen bekomme ich Seitenstiche. Mein Herz schlägt wie verrückt. Vor meiner Wohnungstür stecke ich meine Hand in die Hosentasche, um den Schlüssel heraus zu holen. Er ist nicht da. Ich suche überall in meinen Klamotten. „Nein, das darf nicht wahr sein. Verdammt nochmal!“, schreie ich. Ich habe meinen Schlüssel innen im Schloss stecken lassen. Mit gesenktem Kopf gucke ich auf die Krawatte in meiner Hand: „Oh, nein!“, bricht es aus mir hervor. Ich habe nur die Krawatte des alten Mannes in Hand. Meine eigene habe ich irgendwo im Schlafzimmer des Nachbarn liegen lassen.

Liebesgespräch in der U-Bahn

Der Mann von ungefähr Mitte Dreißig, der sich mir in der U-Bahn gegenübersetzte, fing sofort an, eine Telefonnummer zu wählen. Sein rotes Gesicht verriet die Extraportion Alkohol in seinem Blut. Er legte das Handy ans Ohr, wartete eine Sekunde regungslos und sagte dann leise: „Ich bin's!“

„Ach, bitte, ich bitte dich!“

„ ...“

„Wir können es noch einmal versuchen. Du weißt, dass ich dich liebe.“

„ ...“

„Was? Mache ich alles kaputt? Nein ...“

„ ...“

„Warum bin nur ich schuld?“

„…“

„Ich bitte dich … hör mal zu …“

Der Mann wurde von Sekunde zu Sekunde lauter. Schließlich schrie er:

„Ich sagte immer … ich wusste immer, dass du ein … was? Das ist nicht wahr … das ist kalter Kaffee!“

Eine Frau in mittleren Jahren kam zu uns und sagte dem telefonierenden Mann: „Bitte etwas leiser, mich interessieren Ihre Probleme einen Dreck!“

„Was? Warte bitte, nein, nein, nicht … Wir können eine Lösung finden. Nein … Scheiße!“

Der Mann nahm das Telefon vom Ohr, blickte mich starr an und sagte: „Aufgelegt. Scheiße!“

Er fing an zu weinen. Ich fragte, ob etwas Schlimmes passiert sei. Er antwortete mir nicht. Als die U-Bahn ihre Geschwindigkeit verlangsamte, stand er auf, konnte sein Gleichgewicht nicht halten, und stürzte auf mich. Ich schob ihn zur Seite und er fiel auf den Sitz neben mir. Die U-Bahn hielt an. Ich dachte, er würde jetzt aussteigen, aber er saß bewegungslos neben mir. Der Zug fuhr wieder los, der Mann lehnte seinen Kopf an meine Schulter und fing an zu heulen. Er roch schlecht. Ich versuchte, ihn mit einigen albernen Worten trösten. Er sagte gar nichts und heulte weiter. Ich hatte keine Lust mehr, sein Schluchzen anzuhören. Als ich mich entschied, meinen Platz zu wechseln, hörte er plötzlich auf zu heulen und fragte mich: „Was für ein Landsmann sind Sie?“

Ich wandte meinen Kopf zu ihm und blickte ihn eine Weile an, ohne etwas zu sagen.

„Woher kommen Sie?“, fragte er wieder.

Als ich ihm wieder keine Antwort gab, artikulierte er laut und übertrieben, Wort für Wort: „Verstehen ... Sie, was ... ich ... sage?“

„Ja, ich verstehe Sie gut. Sie wollen wissen, woher ich komme!“

„Ja, genau so ist es.“

„Ich verstehe nicht, warum Sie, in ihrer Lage, so begierig sind, sich nach meinem Herkunftsland zu erkundigen. Wenn es aber hilfreich für Sie sein könnte, verrate ich Ihnen, woher ich komme.“

„Woher denn?“

„Ich komme aus der Erde.“

„Wo ist das? Irgendwo in Tapurestan?“, sagte er und lachte.

„Sie wissen nicht, wo die Erde ist?“

„Muss ich alle kleinen Länder der Welt kennen?“

„Nein, Sie müssen nicht alle Länder kennen, Sie müssen aber mindestens Ihre Heimat kennen.“

„Meine Heimat ist Deutschland, ich kenne mich in meiner Heimat sehr gut aus, ich bin Deutscher! Aber wo ist deine Heimat? Verstehst du mich überhaupt?“

„Wie gesagt, meine Heimat ist die Erde, ich komme

von der Erde."
„Was?"
„Der Planet Erde!", sagte ich laut.
„Willst du mich verarschen?"
„Du hast es endlich kapiert. Genau das will ich
...
und tschüss!"

Ein rassistischer Hund

Ich steige in die U-Bahn und suche nach einem Platz in Fahrtrichtung. Ich schaue herum, aber alle Plätze sind besetzt. Also lasse ich mich entgegen der Fahrtrichtung nieder, gegenüber einem älteren Paar. Die Frau sieht aus wie eine verarmte Adlige. Sie trägt eine Halskette aus Edelsteinen, sitzt steif und kerzengerade in ihrem altmodischen Nerzmantel, und hält ihren Bichon, einen kleinen weißen Hund, umarmt. Flüchtig wirft sie mir aus ihrem Augenwinkel einen Blick zu, richtet ihn aber sofort wieder nach vorne. Der alte Mann im dunklen Anzug und mit einem Bogart-Hut auf dem Kopf wirkt älter als die Frau. Seine Augen sind geschlossen.

Der Hund bewegt seinen Kopf hin und her, guckt mir durch seine langen Haare hindurch in die Augen und lässt einen leisen Klagelaut hören. Während ihre ringgeschmückten Finger sanft über den Kopf des Hundes gleiten, sagt die Frau zu dem Hund:

„Du brauchst keine Angst zu haben, keine Sorge, mein Schatz! Dieser Herr tut dir nichts an!“

Sie scheint mich durch ihren tiefen Blick deuten zu wollen, schaut wieder weg, wendet sich zu ihrem Mann und fragt ihn: „Ist das nicht so? Habe ich nicht Recht?“

Der Mann stöhnt seltsam auf, was wie ein Zeichen der Bestätigung klingt. „Hhhhe ...“

Dann sagt die Frau lächelnd, mit fröhlicher Stimme, während sie mit ihrer Hand im Fell des Hundes Wellen auslöst: „Siehste! Albert ist auch der Meinung, ja ... dieser Herr ist harmlos!“

Ich weiß nicht, wie ich reagieren könnte. In diesem Augenblick bin ich nicht nur harmlos, sondern auch sprachlos und mutlos.

Der Hund fängt wieder an zu winseln. Die Frau versucht ihn zu beruhigen: „Husch ... mein Schatz ... keine Angst! Der Herr tut dir nichts an. Nicht wahr, Albert?“

Albert bringt nur „Hhhhe ... hhhhe“ heraus.

Die U-Bahn verlangsamt ihre Geschwindigkeit. Die Frau kommentiert für den Hund jede Station und berichtet jedes Ereignis: „Bald erreichen wir die Emilienstraße, wir steigen hier aber nicht aus, wir müssen noch fünf Stationen weiterfahren. Ist das nicht so, Albert? Wir gehen nach Hause. Hoffentlich regnet es nicht immer noch, wenn wir aussteigen. Zuhause wartet leckeres Essen auf uns. Vielleicht steigt der Herr hier aus."

Sie guckt mich fragend an. Als sie merkt, dass ich weder aufstehe, noch auf ihre Rede reagiere, fragt sie mich direkt: „Wo steigen Sie aus?"

Ich gucke sie erstaunt, verwirrt und wortlos an. Ich kann einfach nicht glauben, dass diese Frau mich so frech fragt, wo ich aussteige. Anstatt zu antworten, entscheide ich mich für ein Spiel. Ich will für sie die Rolle eines sprachunkundigen Menschen spielen. Ich liebe den Augenblick, in dem die Einheimischen einen Menschen treffen, der ihrer Sprache nicht vollständig mächtig ist. In dieser Lage verändert sich ihr Benehmen enorm. Sie fühlen sich selbst, je nachdem, mächtiger oder weiser. Die netten Menschen halten sich plötzlich für Humanisten, die einem armen Menschen unbedingt helfen müssen, so wie man einem Bettler Almosen geben würde. Sie haben das Bedürfnis, die Anstrengung auf sich zu nehmen, um sich dem Fremden verständlich zu machen. Sie verschenken ihr Mitleid an den „armen Ausländer". Viele Ausländer nehmen solches Mitleid gern an und nutzen vielleicht diese ihnen günstige Gelegenheit aus. Aber diese „netten" Menschen kommen nicht darauf, dass es auch „Ausländer" gibt, die solches Mitleid nicht haben mögen.

Andere Einheimische fühlen und verhalten sich so, als wären sie Herrscher und die sprachunkundigen Menschen die Untertanen. Diese Frau wird dem letzten Typ angehören. Mir scheint, sie fühlt sich wie eine Königin, deren Schatz durch ihren treuen Schatzmeister, Albert, versichert ist.

„Weißt du was, mein Schatz?“, fragt die Frau den Hund. Der Hund reagiert nicht. Sie fährt fort: „Ich glaube dieser Mann versteht unsere Sprache nicht. Was meinst du Albert?

Albert antwortet ihr mit: „Hhhhe ...“

Albert ist es gleich, ob seine Frau eine positive oder negative Antwort erwartet, oder ob sie nach seiner Meinung fragt. Sobald er seinen Namen hört, bringt er diesen seltsamen Laut heraus.

Weil die Frau sich sicher ist, dass ich kein Deutsch verstehe, erwarte ich jetzt, einige schlechte Worte über mich zu hören. Sie sagt aber kein Wort mehr über mich, sondern fängt wieder an, dem Hund über das Raum-Zeit-Gefüge zu berichten.

Für mich ist es eine Niederlage, dass sie mein Spielchen nicht mitspielt. Diese Art von Ignoranz kränkt mich. Jetzt spüre ich das Bedürfnis, anerkannt zu werden. Die beste Möglichkeit, dir als Nicht-Muttersprachler einen gewissen Respekt zu verschaffen, sind Sprachkenntnisse. Ich fange an zu sprechen, indem ich sie frage: „Wie heißt er?“, während ich mit einem Finger auf den Hund zeige. Die Frau zögert zunächst kurz, guckt mich misstrauisch an und sagt dann: „Sie, sie!"

„Wie bitte, was...? Sie?"

„Mein Schatz ist eine „Sie", kein „Er". Sie ist eine nette, brave Dame, nicht Albert?"

„Hhhhe ... hhhhe ..."

„Sie können unsere Sprache sehr gut", sagte die Frau, obwohl ich nur einen einzigen Satz gebildet hatte.

„Darf ich fragen, warum Sie dem Hund ständig versichern, dass ich harmlos und keine Gefahr für ihn sei?"

„Sie! ‚Ihr', nicht ‚ihm', sie ist ..."

„Ja, okay: ihr."

„Sie hat Angst vor Fremden."

„Was meinen Sie mit Fremden? Fremde im Allgemeinen oder meinen Sie einfach Ausländer?"

„Na ja! Ich meine, ja ... die nicht Einheimischen."

„Ich gehöre aber zu den Einheimischen. Ich bin Hamburger."

Die Frau guckt mich ungläubig an und stellt ihre Frage, als hätte ich nicht eben Hamburg als meine Heimat genannt: „Wie lange sind Sie hier?"

„Sie wissen, wie lange ich hier bin!", antworte ich.

„Nein!", sagt die Frau mit erhobener Stimme aufgeregt, „nein, ich habe keine Ahnung. Woher kann ich das wissen?"

„Sie wissen, wo ich eingestiegen und wie lange ich hier bin. Ich glaube, es müssen etwa zehn Minuten sein."

Die Frau mustert mich argwöhnisch und richtet ihre Augen nach vorne. Ich muss an der nächsten Haltstelle aussteigen. Ich bin aber sehr neugierig zu erfahren, warum sie glaubt, dass der Hund Angst vor mir habe, weil ich kein Deutscher bin. Wie könnte ein Hund so etwas begreifen? Obwohl ich nicht mehr sicher bin, ob sie weiter mit mir reden wird, stelle ich noch eine Frage: „Wie kann der Hund, entschuldigen Sie, ich meine die Hündin, die Nationalität von Menschen erkennen?"

Wider Erwarten antwortet sie: „Sie hat schlechte Erfahrung mit diesen fremden Menschen gemacht."

„Die nette Hündin? Oder Sie selbst?"

„Wir beide."

„Ach so ..."

Die U-Bahn fährt nun langsamer. Die Frau berichtet wieder: „Bald sind wir in der Osterstaße."

Ich stehe auf. Sie zieht ihre Beine an, um mich vorbei zu lassen. Als ich im Gang stehe, wendet sie sich dem Hund zu und flüstert: „Der Herr steigt hier aus. Du brauchst keine Angst mehr zu haben. Nicht wahr, Albert?"

„Hhhhe ... hhhhe ..."

Ich war nie in Teheran

Ich erteile seit Jahren Persisch-Unterricht an der Hamburger Volkshochschule. Im Unterricht geschieht manchmal etwas Interessantes, von einigen dieser Begebenheiten erzähle ich hier:

1

Wie bei jedem Sprachkurs sollten die Teilnehmer über ein bestimmtes Thema einen Dialog führen. Diesmal war es „Einkaufen auf dem Teheraner Bazar“, also zu spielen, man würde auf dem Bazar einkaufen, um dabei in einem orientalischen Land wie Persien das Handeln zu lernen. Sie sollten sich den Bazar in Teheran vorstellen und abwechselnd die Rolle des Käufers und Verkäufers übernehmen.

Als eine Teilnehmerin an der Reihe war, mit ihrer

Partnerin die Einkaufsszene aufzuführen, bemerkte ich, dass sie sich weigerte zu sprechen. Ich dachte, dass sie nicht gut verstanden hatte, was zu tun ist, vielleicht kannte sie die Wörter und Regeln nicht gut genug, um sie zu wiederholen, oder vielleicht war sie schüchtern und es fiel ihr schwer, etwas vor der Klasse aufzuführen. Ich versuchte noch einmal, alles zu erklären. Sie aber sagte, dass sie alles verstünde. Ich fragte sie, warum sie dann nicht weiter mache! Sie zögerte zunächst, bewegte ihren Kopf leicht hin und her und sagte endlich:

„Ich war aber noch nie in Teheran!"

2

Bei einer Übung zum Thema Kochen weigerte sich eine Teilnehmerin, den Dialog zu führen. Sie war an der Reihe zu sagen: „Ich koche Schweinfleisch!"

Ich dachte, sie wäre vielleicht mit einem Muslim verheiratet, deshalb päpstlicher als der Papst geworden und äße deshalb kein Schweinfleisch. Vielleicht wollte sie deswegen sogar nicht einmal mehr das Wort „Schwein" in den Mund nehmen.

Trotzdem fragte ich sie, warum sie nicht weiter mache. Sie antwortete:

„Ich bin Vegetarierin!"

3

Bei einer anderen Übung sollten die Kursteilnehmer miteinander das Bestellen des Essens in einem Restaurant spielen. Als eine Teilnehmerin an der Reihe war, den Satz „Bitte, ein großes Bier!" zu sagen, zögerte sie und sah mich verwirrt und hilfesuchend an.

Sie war eine der Besten der Klasse. Als sie meinen erstaunten Blick bemerkte, sagte sie mit errötetem Gesicht: „Ich mag aber kein Bier!"

4

Einmal sollten die Teilnehmer zwischen vier Wörtern eines suchen, das nicht zu den anderen passt. Eine Reihe solcher Wörter war: „Wasser, Bier, Fleisch, Saft."

Einer antwortete logisch: „Fleisch passt nicht zu den anderen, weil die anderen Getränke sind." Eine andere Teilnehmerin hatte ihre Hand erhoben, um sich zu melden. Ich fragte, was sie möchte. Sie meinte, diese Antwort sei falsch, weil nicht „Fleisch", sondern „Bier" nicht zu den anderen Dingen passe. Ich fragte: „Warum nicht?" Sie antwortete:

„Weil die Iraner keinen Alkohol trinken dürfen."

Religion der Toleranz!

Der Muslim: „Ich bin Muslim. Sie sind bestimmt Christ."

Die Atheistin: „Nein, ich bin keine Christin."

„Was dann?"

„Nichts."

„Welche Religion haben Sie?"

„Ich bin Atheistin."

„Was für eine Religion ist das?"

„Das ist keine Religion."

„Was meinen Sie mit ‚keine Religion'? Jeder glaubt an eine Religion."

„Ich glaube nicht an irgendwelche Religionen."

„Was? Wie ist das möglich?"

„Das ist einfach. Ich glaube nicht an Gott."

„Glauben Sie, da oben im Himmel gibt es

nichts?“

„Doch, bestimmt gibt es da oben oder unten Etwas, aber nicht Gott.“

„Du bist also eine Ungläubige!“

„Ja, so kann man es auch definieren.“

„Ein Ungläubiger ist schlechter als ein Hund.“

„Ich mag Hunde aber. Sie sind nett!“

„Hunde sind unrein und schmutzig.“

„Mein Hund ist nicht schmutzig. Ich wasche ihn regelmäßig.“

„Sie kapieren nicht, dass Hunde von Natur aus unrein sind.“

„Quatsch. Wer sagt das?“

„Ich sage es, meine Religion lehrt das.“

„Ach nee! Wissen Sie, ich wäre manchmal lieber ein Hund als ein Mensch.“

„Ich wusste es. Ihr Deutschen seid gefühllos. Für euch ist es gleichgültig, Mensch, Hund oder Schwein zu sein.“

„Ich habe nicht ‚Schwein‘ gesagt, aber Schweine sind auch niedlich! Außerdem ist das mein eigener Wunsch, ein Hund zu sein. Das ist nicht der Wunsch aller Deutschen. Warum verallgemeinern Sie alles? Ich verstehe das nicht, was hat das mit Gefühllosigkeit zu tun? Bin ich gefühllos, weil ich Hunde mag?“

„Ihr denkt nur an materielles Leben!“

„Und woran denken Sie?“

„An etwas Menschliches."

„Aber materielles Leben ist etwas Menschliches. Sie meinen bestimmt Himmlisches!"

„Ja, natürlich Himmlisches, das Jenseits ist für uns wichtiger als das Diesseits. Diese Welt ist nur eine Brücke, um das Jenseits zu erreichen."

„Ich bleibe lieber auf dieser Brücke und genieße mich und alles, was natürlich und menschlich ist. Ich brauche kein Paradies oder sowas."

„Weißt du was?"

„Was?"

„Du bist eine Hure."

„Was?"

„Ja, du hast mich und meine Religion beleidigt. Du hast mich verletzt."

„Tatsächlich? Ich sage nur meine Meinung. Sie aber betrachten mich als ein gefühlloses, kaltes Tier. Sie nennen mich eine Hure. Trotzdem bin ich diejenige, die Sie verletzt hat? Was für eine Argumentation und Denkweise ist das? Was verstehen Sie unter verletzt sein? Ich habe Sie gar nicht berührt. Welchen Ihrer Körperteile habe ich verletzt?"

„Du hast meine Religion beleidigt. Du hast damit meine Gefühle verletzt."

„Sie meine etwa nicht? Wie kann man die Verletzung der Gefühle messen?"

„Weißt Du was? Mit euch Heiden kann man nicht diskutieren, euch muss man durch die Peitsche zähmen. Unser Tag kommt!“

„Ich sagte schon und wiederhole es, dass ich lieber ein Hund sein möchte als ein Mensch wie Sie!“

Ein Islamist und sein Lehrling

(Irgendwo in Deutschland)

Der Islamist: „Wenn du für Allah stirbst, wirst du als Märtyrer direkt ins Paradies eingehen."

Der Lehrling: „Was gibt's im Paradies?"

„Dort warten auf dich Gärten voller Bäume mit dichtem Schatten."

„Natur gibt es hier auch reichlich. Außerdem mag ich Sonnenschein lieber als Schatten."

„In ihm sind Bäche mit Wasser, das nicht faul ist, andere mit Milch, deren Geschmack sich nicht verändert, andere mit geläutertem Honig ..."

„Sowas kann man sich auch hier in den Supermärkten reichlich besorgen."

„Hier musst du aber für alles bezahlen. Im Paradies ist alles kostenlos. Du musst auch keine Miete bezahlen."

„Das ist doch was. Geil!“

„Siehste, mein Bruder! Ich sag‘ es dir.“

„Aber ich wohne bei meinen Eltern und bezahle keinen Cent für Lebensmittel und Miete.“

„Du musst aber zukünftig arbeiten und für alles bezahlen.“

„Es klingt verlockend, gut. Aber wenn es dort keine Arbeit und keine Beschäftigung gibt, man nur ewig faulenzt, ist das nicht langweilig?“

„Ich weiß, dass du gerne Bier trinkst. Du weißt, dass Alkohol zu trinken im Islam verboten ist, im Paradies aber ist es erlaubt. Es gibt sogar Bäche mit Wein, den zu trinken ein Genuss ist.“

„Na so was! Geil! Wieso darf man dort trinken und hier nicht?“

„Von paradiesischem Wein bekommt man weder Kopfweh noch wird man betrunken und redet daher kein dummes Zeug.“

„Na ja, wenn man hier seine Grenzen kennt, kriegt man auch keine Kopfschmerzen und macht keine Dummheiten.“

„Außerdem, am allerwichtigsten, bekommt jeder Märtyrer zweiundsiebzig Huris, das sind paradiesische Jungfrauen.“

„Oh, geil, so viele?“

„Ja, alle nur für dich.“

„Ich habe hier auch meine Mädchen. Aber mehr als drei zur Zeit kann ich kaum schaffen. Zweiundsiebzig Mädchen sind mir zu viel."

„Du kannst dir so viele nehmen wie du möchtest. Außerdem ist es eine große Ehre, für Gott zu sterben."

„Ja, gut, aber wieso braucht Gott meinen Tod? Ich bin erst siebzehn und möchte das Leben genießen. Sie sind viel älter als ich, trotzdem leben Sie noch. Wie alt sind Sie?"

„Zweiundfünfzig."

„Warum möchten Sie selbst nicht für Gott sterben? Warum haben Sie nicht Gottes Willen durch ein Selbstmordattentat oder im Krieg erfüllt? Wie konnten Sie hier so lange aushalten und auf das Paradies verzichten?"

„Meine Pflicht ist, noch hier zu bleiben, um die anderen zu bekehren."

„Wer hat diese Pflicht bestimmt?"

„Gott, der Allmächtige!"

„Wie denn das? Können Sie mit ihm Kontakt aufnehmen?"

„Ja, ich kann es."

„Wow... Wie ist das möglich? Kann ich auch so was tun?"

„Nein. Nicht jeder ist dazu fähig, mit dem Himmlischen Verbindung aufzunehmen."

„Warum können es manche und andere nicht?"

„Du stellst viele Fragen. Ein echter Gläubiger stellt keine Fragen. Er ist nur gehorsam. Das kannst du anscheinend nicht verstehen.“

„Ja, Sie haben Recht. Ich verstehe Sie gar nicht.“

Türkei, ein Paradies

In der U-Bahn saßen sich eine türkische junge Frau und ein junger bengalischer Mann am Fenster gegenüber, beide Mitte zwanzig. Die Frau hatte eine tief ausgeschnittene, orangefarbene Bluse an. Wenn sie redete, sah man ihre halbnackten Brüste beben. Der Mann trug einen grauen Anzug. Ich saß neben ihnen und lauschte dem Gespräch:

„Wenn ich in der Türkei bin, ist es überall sonnig und fröhlich", sagte die Frau, während sie mit den Händen heftig gestikulierte. „Dort gibt es keinen Stress und ich fühle mich frei. Aber wenn ich in Deutschland bin, ist alles kalt und mürrisch. Den ganzen Tag bin ich genervt."

„Ja, hier ist Eisland", sagte der bengalische Junge. „Bei uns sind sogar im Schatten dreißig bis vierzig

Grad. Hier aber ist das Wetter wie die Deutschen selbst: kalt. Keine Sonne, keine Wärme, nichts."

Ich dachte mir, wo die Temperatur vierzig Grad im Schatten ist, kann man nicht gut atmen, die Menschen können nicht arbeiten und sie werden faul. Während ich versuchte, zwischen der Hitze und der Armut in solchen Ländern eine Verbindung herzustellen, erhaschte ich den Blick eines Mannes in mittleren Jahren, der zwei Sitzplätze entfernt gegenüber von uns saß. Er starrte auf die Brüste der jungen Frau, als sie wieder anfing zu sprechen: „Ja, das Wetter ist hier kalt, weil die Menschen hier so kalt sind."

Ich dachte mir, die Deutschen müssen die einzige Bevölkerung auf der ganzen Welt sein, die durch ihr Gefühl oder ihre „Gefühllosigkeit" eine Wirkung auf das Wetter ausüben können. Alle Achtung!

Ein im Gang stehender junger Mann ließ seinen Blick schweifen, bemerkte den in den Anblick der bebenden Brüste versunkenen Mann, folgte kurz dessen Blick, wandte sich ihm wieder zu und musterte sein Gesicht.

Wenn die Leute in der U-Bahn miteinander sprechen oder telefonisch plaudern, höre ich normalerweise nur zu und lasse mich durch ihre albernen Reden quälen, ohne etwas zu sagen. Diesmal, ich weiß nicht warum, konnte ich es nicht mehr aushalten und sagte:

„Entschuldigen Sie bitte, wenn ich mich einmische. Wenn in Deutschland alles so schlecht ist und Sie sich hier so miserabel fühlen, warum leben Sie dann immer noch in Deutschland und nicht in Ihren Ländern, in denen es so paradiesisch aussieht?“

Sie warfen mir einen finsteren Blick zu. Dann drehten sie ihre Köpfe zueinander. Das Mädchen wandte sich mir zu und sagte:

„Ich arbeite hier. Ich kann nicht einfach auf meine Arbeit verzichten.“

Der Junge brüllte mich an: „Wer sind Sie überhaupt? Das geht Sie überhaupt nichts an. Ich ekele mich vor eurer Ausländerfeindlichkeit!“

„Ich bin aber selbst Ausländer“, sagte ich.

Der Junge guckte mich eine Weile an, als würde er nach etwas Bekanntem in meinem Gesicht suchen. Dann fragte er: „Woher kommen Sie?“

„Aus dem Iran.“

Sein Gesichtsausdruck wirkte plötzlich freundlich. Er lächelte mich an und sagte leise: „Wir sind alle Muslime, wir sind Brüder. Wir verstehen uns gut. Diese Heiden können unsere Religion und unsere Sitten nicht verstehen, aber wir ...“

„Moment mal“, unterbrach ich ihn, „wir sind keine Brüder. Ich kenne Sie nicht.“

„Aber die Muslime sind Brüder“, sagte er, während er seine rechte Hand zur Faust ballte.

„Soweit ich weiß, sind nicht alle Iraner wie Brüder miteinander. Ich hatte nur einen Bruder. Er wurde getötet.“

„Wer hat ihn getötet?“

„Wer? Eure Brüder, die Muslime, die unser Land regieren. Außerdem bin ich kein Muslim.“

„Ach so, er wurde getötet, weil er Ungläubiger war.“

„Nein, ich sagte ich bin kein Muslim, aber mein Bruder war ein Gläubiger.“

„Wie ist das möglich, zwei Brüder, einer Muslim, der andere nicht?“

„Wir hatten einfach verschiedene Meinungen.“

Die U-Bahn verlangsamte ihre Geschwindigkeit. Ich musste an der nächsten Station aussteigen, stand auf und sagte: „Tschüss!“ Die U-Bahn hielt an. Beide guckten mich verwirrt an und erwiderten meine Verabschiedung nicht.

Wir Perser sind stolz auf unsere Kultur

„Kennen Sie etwa Kurosch nicht?"

„Nein. Ein Verwandter von Ihnen?"

„Schön wär's. Ich meine Kurosch den Großen, den Gründer des Perserreiches."

„Ach so, Sie meinen Kyros!"

„Ja, hier wird es so ausgesprochen. Wissen Sie überhaupt, dass sein Reich das erste Weltreich war?"

„Nein, das wusste ich nicht. Das muss schon sehr lange her sein."

„Ja, etwa 500 vor Christus. Wir Perser sind alle stolz auf Kurosch und seine Dynastie, die Achämeniden."

„Warum stolz? Diese Könige waren normalerweise Despoten, oder? Warum sollte man auf einem Despoten stolz sein? Ich kann mir auch nicht vorstellen, warum jemand in Deutschland auf Karl den Großen oder Friedrich den Großen ‚stolz' sein sollte."

„Nein, er war anders, kein Despot. Er war ein friedliebender und gütiger Mensch. In Babylon hat er in einem Erlass die erste Menschenrechts-Charta proklamiert. Eine Kopie des Kyros-Zylinders ist im Hauptsitz der Vereinten Nationen in New York ausgestellt."

„Aber was machte er als friedliebender Mensch in Babylon?"

„Er hat das Land erobert."

„Wie kann ein Herrscher, der durch Eroberungskriege andere Völker unterjocht, friedliebend sein oder die Menschenrechte achten?"

„Sie verstehen das nicht. Unsere Kultur ist sehr alt und vielfältig."

„Das ist wohl wahr. Aber was von dieser alten Kultur ist bis heute erhalten geblieben?"

„Oh, vieles. Die Perser sind sehr freundliche und gefühlvolle Menschen, Gastfreundschaft ist eine wichtige Eigenschaft unseres Volkes. Wir haben eine einmalige poetische Tradition, die die größten Dichter der Welt hervorgebracht hat. Die Iraner lieben Lyrik und selbst einfache Menschen können die Verse der klassischen Dichter rezitieren ..."

„Entschuldigung, ich kenne leider die iranischen Dichter der Antike nicht. Nur die großen persischen Dichter aus der Blütezeit des Islam. Na ja, ich meinte auch eher, dass gegenwärtig die Lage in Iran nicht gerade vielversprechend ist."

„Jetzt regieren die Mullahs das Land. Sie haben nichts mit unserer alten Kultur zu tun.

Der Islam ist uns von den arabischen Invasoren aufgezwungen worden. Wir Perser sind eigentlich Zoroastrier."

„Aber die derzeitigen Machthaber sind doch Iraner und die Menschen sind seit über 1000 Jahren Muslime, oder?"

„Aber sie regieren mit Gewalt!"

„Sind sie nicht durch eine gesellschaftliche Revolution gegen das Schah-Regime an die Macht gekommen? Das war der Wunsch der Mehrheit in Iran, oder?"

„Ja, aber so wollten wir es nicht."

„Regierte der Schah nicht mit einer grausamen Gewaltherrschaft?"

„Doch, aber die heutigen Regierenden sind noch schlimmer."

„Diese alte Kultur und die erste Menschenrecht-Charta, wie Sie es nennen, waren auch in der Schah-Zeit keine besondere Unterstützung für die Menschen. Auch damals wurden die Menschenrechte ständig verletzt. Es gab keine Demokratie, keine Meinungsfreiheit, keine Gleichberechtigung zwischen den unterschiedlichen Bevölkerungsgruppen, keine ..."

„Trotzdem ist unsere große alte Kultur im Vergleich zu vielen anderen Kulturen etwas Besonderes, das über Jahrtausende kontinuierliche Bestehen Irans als Weltreich und Hegemonialmacht ..."

„Entschuldigung. Anscheinend sprechen wir über zwei verschiedene Themen. Ja, das ist richtig, dass Persien eine der ältesten Kulturen mit großen Herrscher-Dynastien ist, aber ich spreche über die Gegenwart. Schauen Sie mal zu den Griechen! Sie hatten die ersten großen Philosophen der Welt. Ohne die griechische Philosophie hätte Europa nie die Aufklärung und den folgenden Modernisierungsprozess schaffen können. Was aber bleibt ihnen davon? Sie sind so tief in der aktuellen Wirtschaftskrise versunken, dass keine alte Kultur oder Akropolis ihnen helfen kann. Ich glaube, die Iraner leben wie die Griechen, immer noch in der Vorstellung der grandiosen Vergangenheit, die ihnen nichts mehr bringt, oder?"

„Ach, wissen Sie ..., Sie verstehen nicht. Unsere Kultur ..."

„Sie haben vollkommen Recht!"

Hemd oder Puff?

Am Anfang meines Aufenthaltes in Deutschland war ich immer wieder verärgert, wenn mich eine Verkäuferin oder ein Verkäufer als Kunde ignorierte oder nicht ernst nahm. Wenn sie versuchten, sich mit mir in Kleinkind-Sprache und mittels übertriebener Gestik zu verständigen.

In solchen Situationen, sei es nun bei Sachbearbeitern aller Art in Behörden oder in alltäglichen Begegnungen mit manchen Deutschen, frage ich mich immer: Wo stehe ich hier als Ausländer? Manchmal hatte ich das Gefühl eines standeslosen Menschen. Ja, wir gehören zu keiner Schicht, wir sind Schichtlose.

Durch die Entdeckung der Standlosigkeit fühle ich mich aber auch befreit von allen Schichten. Ich gehöre zu keiner Gruppierung, ich bin unabhängig von allen gesellschaftlichen Fesseln und Bindungen. Ich bin hier durch die Ignoranz des Gastgebervolkes zwangsläufig befreit. In dieser dankbaren Zwangsfreiheit erfahre ich etwas Interessantes: die Entdeckung der Unwissenheit der anderen als Vergnügungsquelle. So leide ich nicht mehr unter dem beleidigenden Verhalten einiger Einheimischer, sondern ich amüsiere mich sogar über ihr Benehmen. Wie hier, beim Versuch ein Kleidungsstück zu kaufen:

Im ersten Geschäft:

Ich ging in ein Kaufhaus, um mir ein neues Oberhemd zu kaufen. Im Eingangsbereich der wohlsortierten Herrenabteilung stand geistesabwesend ein Verkäufer an einem Warentisch, den ich nach Hemden fragen wollte. Ich ging zu ihm. Er war mit dem Einsortieren der Kleidung beschäftigt. Meine Anwesenheit störte ihn anscheinend nicht, denn er arbeitete weiter, ohne mich anzublicken. Auf mein „Guten Tag“ starrte er mich kurz mit kaltem Blick an und antwortete mir, anscheinend automatisch, ohne meine Frage abzuwarten, indem er mit dem Finger nach unten wies: „Billig unten, Keller billig“. Werden nur akzentfrei Deutsch Sprechende in der Fachabteilung bedient? Ich verließ das Kaufhaus, ohne die Ramschabteilung im Untergeschoss aufzusuchen.

Im zweiten Geschäft:

Auf meinem Weg entlang der Einkaufsstraße sah ich vor einer Boutique schöne kurzärmelige Sommerhemden zum Ausverkauf hängen. Ich betrat den Laden. Im Eingangsbereich lagen nur ein paar Billighemden herum, die mir nicht gefielen. Die Verkäuferin lehnte Kaugummi kauend am Tresen und unterhielt sich mit der Kassiererin. Diesmal wollte ich es sicherheitshalber anders probieren und fragte die Dame auf Englisch, ob es im Geschäft nicht auch hochwertige Hemden einer aktuellen Herbst-Kollektion gäbe. Sie musterte mich kurz abschätzig, wandte sich ihrer Kollegin zu und sagte zu ihr: „Der kauft doch sowieso keine teuren Klamotten!" Dann antwortete sie mir in gebrochenem Englisch: „No Mister, we have no another Hemd!"

Im dritten Geschäft:

Ich wanderte weiter, auf meiner Suche nach einem passenden Bekleidungsgeschäft, eigentlich ist es etwas so Alltägliches, ein Hemd zu kaufen. Im nächsten Laden kam eine Verkäuferin zu mir und fragte mich, was sie für mich tun könne. Ich verstehe nicht, warum Verkäufer diese Frage so oft stellen. Sie weckt meine Ämter-Phobie, die ich vor jedem mürrischem Sachbearbeiter empfinde. Das müsste doch eigentlich klar sein, warum einer in ein Geschäft oder in ein Café geht. Warum fragen sie nicht einfach, was man möchte? Ich erwidere manchmal: „Sie können für mich gar nichts tun“ oder: „Sie sind nicht in der Lage, etwas für mich tun zu können.“ Diesmal sagte ich gar nichts mehr. Ich nahm das Wort „Hemd“ nicht in den Mund, sondern fing an, langsam und stumm, mit einer gewissen anzüglichen Portion Erotik mit Fingern und Handflächen über meinen Hals, Bauch und besonders meine Brust zu streicheln, um ihr zu zeigen, was für ein Kleidungsstück ich benötigte.

Sie musterte mich misstrauisch von oben bis unten und guckte zu ihrer Kollegin, die mit dem Einsortieren von Kleidung beschäftigt war. Sie rief: „Sandra, komm mal her, kannst du verstehen, was dieser Mann will? Er kann kein Deutsch.“ Sandra kam zu uns, runzelte die Stirn und fragte mich, was sie für mich tun kann. Ich wiederholte meinen erotischen Ausdruckstanz. Sandra schürzte ihre Lippen, brachte eine mir unbekannte Art Aufstöhnen hervor, bedeckte ihren Mund mit ihrer Handfläche und sagte leise zu ihrer Kollegin: „Ich glaube, er sucht nach einem Puff.“ Sie gab das gleiche Geräusch wie Sandra von sich und legte ihre Handfläche ebenfalls schützend vor den Mund. Das musste ein Zeichen des Erstaunens sein. Sie zeigte mir die Tür und sagte, halb auf Deutsch und Englisch, halb mit nichtsprachlichen Zeichen, dass ich dort nichts zu suchen habe. Ihr böser Blick und die Selbstverständlichkeit ihres in die Richtung des Haupteingangs deutenden Zeigfingers ließen mir keine Chance, weiter dort zu bleiben um mich zu amüsieren.

Im vierten Geschäft:

Im nächsten Geschäft hatte ich keine Lust mehr, die Rolle eines nicht Deutsch verstehenden Mannes zu spielen oder die Verkäuferin in Panik zu versetzten. Ich ging direkt zu einem Mann, der gerade an einem Tisch Klamotten faltete. Ich fragte ihn auf Deutsch, wo die Hemden zu finden seien. Er war wider Erwarten sehr nett und zeigte mir den Weg zu den Hemden. Ich ging in die Abteilung und entdeckte kein passendes Hemd für mich. Eine Verkäuferin in mittleren Jahren kam mir zur Hilfe und brachte mir weitere Oberhemden zur Ansicht, aber leider gab es das Hemd, das mir gefiel nicht mehr in meiner Größe. Sie lächelte mich an und bedauerte, mir nicht weiterhelfen zu können. Aber ich könne vielleicht in einem anderen Laden, der die gleichen Marken führe, etwas Wunschgemäßes finden. Dann gab sie mir einen Tipp, wohin ich gehen könne.

Ich dachte darüber nach, ob die Verkäufer dieses Geschäftes nur eine andere Strategie hatten, um Kunden anzulocken oder ob sie einfach nette Menschen waren. Oder war das die Magie der Sprache? Waren sie nett, weil ich Deutsch sprach?

Kann man durch die gemeinsame Sprache Vertrauen gewinnen? Ich habe genug andere Erfahrungen gesammelt. Mir scheint, viele Deutsche betrachten einen orientalischen oder afrikanischen Ausländer als jemanden, der sowieso kein Deutsch verstehen kann, keine teure Sachen kauft und nicht einmal imstande ist, klar zu denken. Messen sie die Intelligenz der fremden Menschen an der Beherrschung der deutschen Sprache? Oder ist das alles meine eigene selbstgefällige Erfindung, die durch die Missachtung und das Misstrauen verursacht wurde?

Ich ging also zu dem Geschäft, an welches die nette Dame mich verwiesen hatte. Als ich vor der Tür stand, bemerkte ich, dass es der Laden war, dessen Verkäuferinnen mich für einen nach einem Bordell suchenden Spinner gehalten hatten. Ich hatte Angst davor, noch einmal hineinzugehen.

Plötzlich verlor ich die Lust an der Anschaffung eines Hemdes. Stattdessen kaufte ich mir am Imbiss nebenan eine Currywurst und fing mit einem kräftigen Biss an, meine Scham hinunterzuschlucken.

Berlin, bis Alexanderplatz

Ich steige in der Osloer Straße in die U8 Richtung Hermannplatz, um bis Alexanderplatz zu fahren. Dort habe ich mich mit einem alten Freund verabredet, den ich gestern Abend nach gut 25 Jahren wiedergetroffen habe. In unserer Jugendzeit waren wir nicht nur einfach Freunde, sondern auch Genossen, weil wir beide damals die Welt retten wollten.

Nachdem wir das Land verlassen hatten und in Berlin gelandet waren, verschlechterte sich unser Verhältnis mit der Zeit derart, dass wir uns gegenseitig nicht mehr ertragen konnten. Er wollte noch immer die Welt retten, ich aber glaubte nicht mehr daran. In unseren langwierigen und langweiligen Debatten, in denen wir einander mehrmals ernsthaft in die Haare gerieten, sagte ich immer: „In unserer Lage, in der wir als Flüchtlinge alles verloren haben und hier in einer völlig fremden Umgebung nicht Fuß fassen können, müssen wir versuchen, zuerst uns selbst zu retten. Wie kann ein Schiffbrüchiger die anderen retten, wenn er selbst kein Schwimmer ist? Ein schwacher Mensch kann doch andere Schwache nur weiter schwächen. Das Königreich der Idiotie hat auf diese Art die Welt erobert, so dass man kaum von Rettung sprechen kann. Die erste Kernfrage sollte deshalb so lauten: Wie kann man sich selbst von der Idiotie befreien? Wenn eine Rettung der Welt überhaupt möglich ist, bin ich jedenfalls nicht dazu fähig."

Er glaubte, ich hätte ihn als Idioten bezeichnet. Ich versuchte, ihm zu erklären, dass mit dieser Idiotie wir alle gemeint seien. Diejenigen, die die religiösen Machthaber im Iran, als sie nach der Gründung eines Gottesstaats strebten, unterstützt hatten. Trotz meines Erklärungsversuchs fühlte er sich beleidigt. So besiegte der ideologische Meinungsunterschied die alte Freundschaft.

Einige Zeit nach dieser Auseinandersetzung zog ich nach Hamburg, um dort zu studieren. Das war eine gute Möglichkeit, um mich von dieser Nervensäge, meiner Vergangenheit, zu befreien.

In den letzten 25 Jahren habe ich kaum von ihm gehört. Ich wusste nur, dass er Taxifahrer geworden war. Ein Lehrer, der sein Leben statt in der Schule auf den Straßen vergeudete. Ich konnte mir gut vorstellen, wie er seine Fahrgäste als Schüler sah und sie in seinem gebrochenen Deutsch vergeblich zu bekehren versuchte.

Gestern Abend hielt ich eine Lesung im Berliner Literaturhaus. Als ich anfing, ein Kapitel meines neuen Romans vorzulesen, streifte mein Blick ein bekanntes Gesicht. Ich erkannte ihn sofort, wie er in der zweiten Reihe saß und mich anlächelte. Dieses Lächeln, am Rande zum Grinsen, hat sich mit dem Älterwerden nicht verändert. So lächelte er, wenn er einen Witz erzählte oder jemanden zum Narren hielt. Was fand er hier so witzig, fragte ich mich. Seine Anwesenheit und sein besonderes Lächeln brachten mich ein wenig aus meinem Rhythmus. Während der Lesung konnte ich nicht aufhören, ihm ab und zu prüfende Blicke zuzuwerfen.

Sein Gesicht war nicht wie das mancher anderer alter Freunde und Bekannte von Alkohol, Depression, Rauschgift, unauflöslicher Frustration oder infolge irgendwelcher anderer bekannter und unbekannter Gründe deformiert, sondern nur natürlich gealtert. Da saß er selbst, im tiefblauen Anzug, mit grauen Haaren und einer Brille.

Nach der Lesung umarmten wir uns und wechselten ein paar Worte. Er erzählte mir, dass er jetzt Opa geworden sei. Anscheinend hat er seinen Sinn für Humor nicht verloren. Er räusperte sich, wie in alten Zeiten, wenn er etwas Lustiges erzählen wollte, näherte seinen Mund meinem Ohr und flüsterte: „Opa zu sein ist kein Problem, aber mit Oma zu schlafen ist problematisch."

Wir hatten keine Möglichkeit, weiter miteinander zu reden. Bei solchen Veranstaltungen muss der Autor dem ganzen Publikum zur Verfügung stehen. Er wollte mich unbedingt wiedersehen. Ich weiß nicht, was in meinem Gesichtsausdruck er bemerkte, dass er, bevor ich zusagte, zwei Mal betonte, er wolle die Welt auch nicht mehr retten.

Ich dachte, jetzt könnten wir als zwei alte geschlagene Ritter verständnisvoller miteinander umgehen. Andererseits war ich mir aber nicht sicher, ihn treffen zu wollen. Ich wollte nicht wieder in das alte Leben hineingeschoben werden.

So war das, als wir uns für den heutigen Samstag, einen schneebedeckten sonnigen Märztag, um 15:00 Uhr am Alexanderplatz verabredeten.

Ich setze mich auf eine Bank in der U-Bahn. Eine kindliche schön klingende Stimme ist zu hören, die über eine Taube spricht. Das Kind kann ich nicht sehen, denn neben mir sitzt ein breitschultriger Mann. „Weißt du Papa, ich habe eine Taube gesehen", sagt die zärtliche Stimme. Ich sehe dort, wenige Plätze entfernt, von wo die Stimme ertönt, keinen Mann, nur eine Frau, die mit einem entzückten Lächeln liebevoll in Richtung der Stimme blickt. Ich beuge mich ein wenig vor, um das Kind zu sehen. Ein kleines Mädchen hält ein Handy mit beiden Händen ans Ohr. Sie spricht weiter telefonisch: „Weißt du Papa, ihr Flügel war gebrochen. Kannst du dir das vorstellen, Papa? Sie war verletzt und konnte nicht fliegen, die arme Taube. Weißt du Papa, sie konnte nicht fliegen!“ Sie wiederholt diese Sätze ein paar Mal, bis die Mutter sich ihr zuwendet und leise sagt: „Mach Schluss! Wir sind schon bei der Pankstraße und müssen hier aussteigen.“

Die U-Bahn verlangsamt ihre Geschwindigkeit. „Tschüss Papa, wir müssen hier aussteigen.“ Der Zug hält an. Die Mutter nimmt dem Kind das Handy ab, steht auf, nimmt die Hand des Mädchens und telefoniert weiter. Sie steigen aus, und zwei Punks, ein Mädchen und ein Junge kommen rasch herein und bleiben im Gang bei der Tür stehen. Das Punk-Mädchen führt einen Mops an der Leine. Sie haben sich ziemlich schick angezogen. Wenn ihre Haare nicht bunt und zum Teil rasiert wären, hätten sie nicht wie Punks gewirkt. Der Ansatz der weißen Brüste des Mädchens ist mit zwei vogelartigen Zeichen tätowiert, die aus ihrer Brust herauszufliegen scheinen. Der Hund ist unruhig, bewegt sich hin und her und bellt. Das Mädchen befiehlt ihm: „Setz dich, Tequila!“ Der Hund will aber nicht sitzen. Eine junge Frau, die mir beim Hinsetzen einen leichten Schlag auf den Arm versetzt und nach Puder und Essen riecht, schlägt eine Zeitung auf und liest einen Artikel mit dem Titel „Wir warten!“ Ich bin neugierig zu erfahren, wer „wir“ sind und worauf „sie“ warten. Als ich versuche, unauffällig ein wenig mit im Text herumzuschmökern, mindestens den Namen der Zeitung zu erkennen, dreht die Frau ihren Kopf halb zu mir herum und sieht mich aus den Augenwinkeln argwöhnisch an. Ich richte meine Augen sofort wieder nach vorne und wage nicht mehr, in die Zeitung zu blicken. Ich denke an meinen alten Freund, der am Alexanderplatz auf mich wartet. Gedanken drängen sich mir auf, wie wohl sein Leben in Berlin ist? Wie sich wohl seine Denkweise entwickelt hat? Ob er, wie viele Landsleute, in einem iranischen Kreis gefangen blieb, oder ob er sich ein deutsches Umfeld schaffen konnte? Ob wir nach all den Jahren unsere Freundschaft wieder auffrischen können? Ob das überhaupt nötig ist? Wieso soll ich so weit gehen? Wir sind einander fremd geworden. Ich spüre kein Bedürfnis, unsere Freundschaft wieder zu beleben. Können wir uns überhaupt gegenseitig verstehen? Ich empfinde ein Gefühl der Haltlosigkeit.

Immer wieder reißt mich „Tequila!“ aus meinen Gedanken. Jetzt kündigt das Punk-Mädchen dem Hund an, dass sie am Gesundbrunnen sind und noch drei Stationen fahren müssen. Die U-Bahn bremst ab und die Zeitungsfrau steigt aus, ohne meine Neugier zu stillen. Ich spüre ein gewisses Bedauern darüber, dass ich den Inhalt des Artikels nun niemals erfahren werde.

Zwischen einigen Leuten, die gleichzeitig herein hasten, lenkt ein Mann die Aufmerksamkeit der Fahrgäste auf sich. Er stellt sofort seinen amputierten linken Unterarm zur Schau, während er wiederholt sagt, dass er seinen Arm bei einem Unfall verloren habe und deshalb nicht arbeiten könne. Niemand schenkt ihm etwas. Seine metallene Prothese ist mit schönen abwechslungsreichen Mustern verziert. Nachdem er den ganzen Gang entlang gelaufen ist, ohne Geld zu bekommen, beginnt er auf dem Rückweg frech mit weit ausgestreckter rechter Hand zu betteln. Er bekommt wieder nichts. Der Zug hält an. An der Haltestelle Voltastraße rennt er so rasch raus, um den nächsten Waggon rechtzeitig zu erreichen, als sei er ein Hundert-Meter-Läufer.

Vier Jugendliche, ein Dunkelblonder, zwei orientalisch Aussehende und ein Schwarzafrikaner steigen geräuschvoll und lachend ein. Sie bleiben auf der anderen Seite des Ganges. Sie reden so laut, dass alle sie hören müssen. Man erkennt nur einzelne Worte, Laute und Gelächter, als wären sie unfähig, einen einzigen Satz vollständig zu bilden. Sie bewegen sich ständig rings um die Haltestange im Gang bei der Tür herum. Ihre Mimik und ihre Körper- und Armbewegungen imitieren afroamerikanische Rap-Sänger. Zwischen ihren abgehackten Sprachlauten ist hin und wieder das Wort „Tequila“ vom Punk-Mädchen herauszuhören:

„Yo man ... Geil ... Tequila ...“

„Hey ... krass ... super ... fuck ... Tequila ...“

„Arschloch ... Assi ... cool ... Tequila ...“

„Easy man ... Hammer ... Looser ... Tequila...“

Als wir an der Bernauer Straße ankommen, steigt eine Roma mit buntem Kopftuch ein. Sie trägt ein Akkordeon vor der Brust. Sie fängt an zu spielen, während ein kleines Mädchen mit tiefsitzender Mütze, unter der ihre beiden schwarzen Zöpfe hervorsehen, den Leuten auffordernd eine Plastiktüte hinhält. Die eintönige Musik unterbricht alle Worte und Laute. Sie gehen spielend und bettelnd hintereinander her zur anderen Seite, wo die vier Jungs stehen. Niemand schenkt ihnen Geld. Die U-Bahn hält an. Als Mutter und Tochter, rasch aussteigen, um den nächsten Waggon zu erreichen, und die zusteigenden Fahrgäste Platz genommen haben, hört man wieder die Laute, Worte und Gelächter:

„Yo man ... Zicke ... Assi-Schale ... Tequila ...“

„Kein Bock ... Oky-Doky ... Penner ... Tequila ...“

„Tussie ... verpiss dich ... Bulle... Tequila...“

Als die Jugendlichen und die Punks mit Tequila in der Weinmeisterstraße endlich austeigen und der Zug wieder losfährt, zieht eine männliche Stimme mit persischem Akzent meine Aufmerksamkeit auf sich.

Zwei ältere Menschen, die sich gerade auf der gegenüberliegenden Bank niederlassen, sprechen miteinander. Eine rundliche deutsche Frau Mitte fünfzig mit graugrünen Augen und ein jünger wirkender, orientalisch aussehender Mann, beinahe kahlköpfig, der seine Arme vor der Brust kreuzt:

„Ich habe im Fernsehen eine Werbung für eine Tablette gesehen, die dir gut tun wird!", sagt die Frau. „Wofür?", fragt der Mann.

„Diese Tablette bringt den Stuhl sanft in Gang."

„Stuhl?"

„Ja! Du hast dich immer mal über deinen Stuhl beschwert."

„Ich? Ich habe aber kein Problem mit unserem Stuhl."

„Ich spreche nicht von ‚unserem', ich meine deinen Stuhl."

„Aber wir benutzen die gleichen Stühle. Warum sollte ich damit ein Problem haben? Unsere Stühle, ja, sie quietschen ein bisschen. Das stört mich aber nicht."

„Ach, mein Gott! Das meine ich nicht."

„Was meinst du denn?"

„Ich meine deine Verstopfung."

„Welche Verstopfung?"

„Herrgott nochmal! Ich meine, wenn du zur Toilette gehst, hast du dann kein Problem?"

„Nein, ich habe kein Problem mit der Toilette."

„Du hast dich schon mal beschwert, du würdest unter Verstopfung leiden."

„Ich? Wann war das?"

„Ich weiß es nicht."

„Ich weiß es auch nicht mehr."

„Doch! Du hast dich aber schon mal beklagt."

„Ich erinnere mich nicht mehr."

„Wie an viele andere Dinge erinnerst du dich nicht daran, aber ich bin sicher, dass du es gesagt hast."

„Vielleicht! Aber das bedeutet nicht, dass ich immer noch ein Problem habe."

„Doch!"

„Wieso?"

„Weißt du was?"

„Was?"

Der Zug hält an: Alexanderplatz. Ich würde dieser spannenden Diskussion, die ins Grundsätzliche zu münden scheint, gerne weiter folgen, muss aber aussteigen. Mein alter Freund wartet hier auf mich.

Als ich auf dem Bahnsteig bin, sehe ich ihn zunächst zwischen den Menschentrauben nicht, die sich beim Ein- und Aussteigen kreuzen. Als die U-Bahn sich in Bewegung setzt, entdecke ich ihn, wie er mit offenem Mund und strahlendem Gesicht, das durch sein Lächeln heller wird, auf mich zukommt.

Wo bekomme ich jetzt etwas zu essen her?

In unserem Abteil saß mir ein etwa Mitte vierzigjähriger Mann mit Anzug und Krawatte gegenüber, der sich die ganze Zeit mit seinem Laptop beschäftigte. Neben ihm saß eine etwa sechzigjährige Frau mit blond gesträhnten, kurzen braunen Haaren. Sie trug ihre Brille an einer silbernen Kette um ihren Hals und blätterte entweder in der *Brigitte* oder wechselte mit jemandem, wahrscheinlich ihrem Mann, telefonisch ein paar Worte. Sie berichtete ständig, wo sie sich gerade befand und was sie gerade machte. Sie fragte auch ständig nach, was ihr Mann gerade täte. Ob er dieses oder jenes gekauft hätte, was er getrunken habe? Er solle nicht so viel trinken. Ob er seine Tablette rechtzeitig genommen habe? Und ...

Neben mir saß ein junges Paar, das sich die ganze Zeit abknutschte. Ich konnte mir gut vorstellen, dass sie sich tausendmal wünschten, wir wären nicht da, so dass sie sich ungestört zusammen hinlegen könnten.

Ich sah aus dem Fenster. Betrachtete die Bäume und niedrige, gleichförmige herumstehende Häuser mit farbigen Türen, die rasch auftauchten und noch rascher wieder verschwanden.

Als ich das Schild der nächsten Station Rotenburg/ Wümme sah, bremste der Zug ziemlich heftig. Ich schimpfte lautlos über den Zugführer und dachte, er sei schläfrig. Wir warteten darauf, dass die neuen Fahrgäste einstiegen, aber niemand stieg zu. Der Zug blieb länger stehen als es an einer kleinen Haltestelle üblich war. Nach etwa acht Minuten hörten wir die zitternde Stimme des Zugführers, der eine Durchsage machte:

„Unser Stopp wurde durch einen Personenschaden verursacht. Bis die Schienen wieder frei sind, können wir nicht weiterfahren."

Zunächst herrschte eine Totenstille in unserem Abteil, dann sagte die Frau laut: „Ach, schon wieder! Das passiert mir jedes Mal auf dieser Strecke!" Das Paar saß jetzt Hand in Hand aufrecht und guckte verwirrt die ältere Frau an. Der junge Mann löste seine Hand von dem Mädchen und sagte: „Hoffentlich dauert es nicht so lange!“ Der Zugführer meldete sich wieder:

„Leider müssen wir auf das Räumkommando warten, damit die Strecke von den Überresten befreit wird. Sie können den Zug nicht verlassen. Wir bitten Sie um Geduld und halten Sie auf dem Laufenden.“ Seine Stimme war nicht mehr so zittrig wie vorher. Der Mann mit dem Computer klappte den Laptop zu, schüttelte den Kopf, rückte seine Krawatte zurecht und sagte: „So ein Mist, dann schaffe ich es nicht rechtzeitig zu meinem Vorstellungsgespräch nach Hamburg!“ Die ältere Frau sagte, während sie die Tasten ihres Handys drückte: „So eine Schweinerei!“ Sie legte das Handy ans Ohr und sagte: „Hallo, ich bin's. Weißt du, was mir hier schon wieder passiert ist? Nein, ich meine ... nein, ein Selbstmord! Nein, nicht in unserem Abteil, nein, nicht im Zug. Jemand hat sich mal wieder vor dem Zug geschmissen. Woher ich das weiß? Ja, ja, warum müssen sie sich eigentlich vor den Zug werfen und andere Leute damit in Schwierigkeiten bringen? Ja ... nein... ja, es gibt schließlich andere Möglichkeiten sich umzubringen! Was? Nein, nicht so. Du musst zuerst das Huhn mit Öl im Topf anbraten. Ja, ja, mit Zwiebel geht es auch. Ich weiß es nicht, wie lange wir noch hier warten müssen, bis die armen Leute die Überreste von den Schienen gekratzt haben! Ja..., ich rufe dich wieder an.“

Sie nahm das Telefon vom Ohr, steckte es in ihre Tasche, wandte sich zu mir blickend um, hüstelte und sagte: „Und wo bekomme ich jetzt etwas zu Essen her, wenn wir hier zwei Stunden oder länger warten müssen?“

Interview

Von einer Zeitschrift war ein deutsch-iranisches Ehepaar trotz kultureller Unterschiede zum „Ehepaar des Jahres“ gewählt worden.

Was verbindet sie miteinander? Die Liebe? Ich glaube es nicht, nein. Ich kann mir kaum vorstellen, dass nach langwierigem Zusammenleben die Liebe zwei Menschen miteinander verknüpfen könnte; verkrampfen vielleicht, aber nicht verknüpfen. Vielleicht funktioniert das bei Tieren, da sie nicht viel oder gar nichts voneinander erwarten.

Die beiden sind anderer Meinung. Sie meinen, die Liebe, sie sagt sogar: „nur Liebe“, habe sie verbunden.

Wie alt sind sie? Sie verraten es nicht. Aber man kann es schätzen. Da sie seit mehr als zwanzig

Jahren zusammen leben, können sie nicht mehr jung sein. Außerdem verraten ihre Gesichtszüge ihr Alter und ihr zögerliches, vorsichtiges und zum Teil konservatives Verhalten deutet ein Alter von Mitte fünfzig an. Manche fühlen sich in diesem Alter alt. Der Mann meinte, alles sei vorbei. Er erklärte aber nicht, was vorbei war. Seine Frau hingegen war der Meinung, dass das Leben eben erst begonnen habe. Sie erklärte aber nicht, was für ein Leben begonnen hat.

Ich habe den Auftrag erhalten, in einem Interview das Geheimnis des Erfolges dieses Ehepaars zu ergründen. Ein vernünftiges Gespräch mit ihnen zu führen, ist bestimmt nicht leicht. Ich weiß, dass sich in meinem Interview keine Spannung aufbauen wird, solange ich über ein Paar berichte, das in lauter Friede, Freude, Eierkuchen lebt.

Am besten sollte ich mit dem Ehemann unter vier Augen reden. Nicht, weil wir Männer uns besser verstünden, sondern weil er mein Landsmann ist. Dass wir einander verstehen, nur weil er mein Landsmann ist? Quatsch! Wir kennen uns nicht. Viele glauben, dass Landsleute sich, ob nun Männer oder Frauen, untereinander besser verstehen. Verstehen sich alle Deutschen gegenseitig, nur weil sie Deutsch sprechen? Von der äußeren Struktur der Sprache, den Lauten her ja, aber aus der inneren Struktur heraus, glaube ich nicht, dass Menschen einer Nation einander unbedingt verstehen müssen. Ich verstehe viele, fast alle meiner Landsleute, nicht. Aber ich meine, als Landsmann könnte ich bei dem Mann vielleicht ein gewisses Vertrauen schaffen.

Er war damit einverstanden, sich in einem Café mit mir zu treffen, um zu reden. Natürlich würden in einem Café auch andere Menschen anwesend sein, aber die anderen könnten uns nicht verstehen, weil wir persisch sprächen. Viele Ausländer meckern immer, dass das Leben in Deutschland keinen Vorteil für sie habe. Was für ein Vorteil und was für eine Erleichterung, wenn zwei Menschen in einem Café oder in einer Kneipe über alles sprechen können, was sie wollen, ohne zu befürchten, dass die an den Nachbartischen Sitzenden sie verstehen. So kann man über alle Anwesenden Witze machen, worüber ein Freund von mir und ich uns oft amüsieren.

Über den Ort des Treffens mussten wir nicht lange diskutieren. Wir beide wohnen im Hamburger Stadtteil Eimsbüttel, vielleicht ein, wie Mystiker es sehen, bedeutsamer Zufall.

So verabredeten wir uns im Kaffeehaus in der Osterstraße, an einem Samstag im Frühjahr um 15:30 Uhr.

Er war noch nicht da. Ich wählte einen Fens terplatz.

Das Café war ruhig. Renate, Inhaberin und Kellnerin zugleich, war damit beschäftigt, das Abendmenü auf die Tafel zu schreiben. Ich zog meine Jacke aus, hängte sie über die Stuhllehne und legte mein Notizbuch und meinen Kugelschreiber auf den Tisch. Nur zwei Tische im Raum waren besetzt: ein weinendes Kind mit seiner Mutter, die es vergeblich zu trösten versuchte, und ein Liebespaar.

Der Mann kannte dieses Café tatsächlich nicht, obwohl es nicht weit entfernt von seiner Wohnung liegt. Er schob seine Ahnungslosigkeit auf seine „immerwährende Beschäftigung“ mit seinem eigenen Restaurant. Ich dachte darüber nach, wie furchtbar es sein müsste, wenn man immer im gleichen Restaurant oder in einer Kneipe gefangen wäre. Diejenigen, die an einer so genannten Stammkneipe kleben, werden wahrscheinlich allmählich bekloppt. Sie müssen einsame Menschen sein, weil sie einen bekannten und sicheren Platz suchen. Sie haben Angst, Fremdartigkeit zu erleben. Sie wissen vielleicht nicht, dass Einsamkeit und Beschränktheit durch das Kleben an Gewohnheiten hervorgerufen werden.

Der Mann kam eine Viertelstunde später. Ich dachte mir, er habe seine iranische Manier noch nicht ganz verloren. Bei anderen Landsleuten hätte ich eine Verspätung von mindestens einer halben Stunde erwartet. Eine Viertelstunde Verspätung war ein Zeichen dafür, dass er halb deutsch geworden war. Ich hörte das weinende Kind nicht mehr. Mutter und Kind waren verschwunden und ihr Platz wurde von zwei älteren Frauen erobert. Ich konnte jetzt wieder ausatmen, nachdem ich die ganze Zeit das Geschrei des Kindes hatte ertragen müssen. Außerdem kam ich durch die Aussicht auf die jetzt gegenüber platzierten Frauen in gute Stimmung. Sie mussten in meinem Alter, vielleicht ein paar Jahre jünger, sein. „Wie alt sind Sie?“, fragte mich der Mann. Merkwürdig! Erstens: Ich war der Interviewer, nicht er. Für Restaurant-Inhaber ist die Welt eine Küche und die Menschen Köche oder Kellner. Sie wollen alles bestimmen. Zweitens: Er hat bei unserem ersten Treffen sein Alter geheim gehalten und jetzt fragte er nach meinem Alter! Unverschämtheit! Trotz dieser unverständlichen Unausgewogenheit konnte ich mein Gleichgewicht halten und setzte mich nicht zur Wehr. Ich sagte aber halbgeheim „Mitte vierzig.“ Wenn ich mein genaues Alter verraten hätte, hätte ich das Gleichgewicht verloren. Meine Kommunikationskompetenz ist abhängig von diesem Verhalten. Mit geheimnisvollen Menschen musst du halbgeheim bleiben. Wenn du dich vor solchen Menschen ganz öffnest, verlierst du dein Gleichgewicht. Und der Verlust der Gleichgewichtskontrolle bedeutet den Verlust der Kontrolle über die Kommunikation.

Ich brauchte noch einen Bezug zu ihm, um das Interview zu Ende zu führen.

In der ersten halben Stunde redete er nur über seine Vergangenheit, die mich langweilte:

Er lebte seit 27 Jahren in Deutschland, er hatte Bauingenieurswesen in Teheran studiert, konnte hier keine Arbeit im Beruf finden und fand auch sonst keine Stelle, die seinem Bildungsgrad entsprach, er leistete die „allerniedrigsten Arbeiten der Welt“.

„Was meinen Sie mit ‚niedrigste Arbeit der Welt?‘“, fragte ich.

„Ach, wissen Sie, ich meine Jobs, ja, wie zum Beispiel Kellner oder Taxifahrer ... ja, ich habe sogar als Straßenfeger gearbeitet.“

„Ich bitte Sie, Arbeit ist Arbeit!“, sagte ich, ohne daran zu glauben. Ich hasse diese Momente, in denen ich meine alte marxistische Stimme höre, sie bricht einfach aus irgendeinem Teil meines Körpers heraus. Ich wollte meine schwache Anmerkung mit anderen Worten korrigieren, aber er hatte das Wort übernommen:

„Wissen Sie, als ich sehr jung war, habe ich auch mit derartigen Parolen meine Psyche über Wasser gehalten. Wenn man wie ein Sklave arbeitet und darunter leidet ...“

„Aber viele Menschen denken über die Art ihrer

Arbeit nicht nach. Sie machen das, was ihnen als Pflicht bestimmt ist, ohne darunter zu leiden."

„Vielleicht haben Sie recht, aber ich will solche Arbeiten nicht leisten. Ich hasse sie."

Er war ehrlicher als ich, oder er war stärker eingedeutscht. Ich wollte nicht weiter darüber diskutieren. Ich war nicht da, um Arbeitskomplexe zu lösen. Ich versuchte unser Gespräch auf seine Beziehung zu seiner Frau zu leiten.

„Ihre Frau und Sie haben in einer Zeitschrift von ihrer Einstimmigkeit und Harmonie gesprochen," sagte ich, „okay, aber hat es keinen Moment gegeben, in dem Ihre Frau oder Sie selbst dachten, ja ... wir verstehen manche Dinge aus kultureller Sicht verschieden? Keine Missverständnisse?"

„Nein, ich meine, ja, nur bei Kleinigkeiten."

„Zum Beispiel?"

Er dachte kurz nach, strich seine schütteren grau-melierten Haare mit den Fingern nach hinten und sagte: „Küssen!"

„Wie bitte? Küssen?"

Ich dachte, jetzt erzählt er von einem sexuellen Komplex und war gespannt.

„Ja, meine Frau wollte ständig geküsst werden. Überall, auf der Straße, im Bus oder in der U-Bahn, auf Partys ... Wissen Sie ..."

„Nein, ich weiß es nicht."

Ich wusste nicht, woher dieses „ich weiß es nicht"

gerutscht kam. Ich mochte sein ständiges „wissen Sie“ nicht. Ich musste auf mein Gleichgewicht aufpassen. Zum Glück hatte er meine Aggressionsphase nicht bemerkt und setzte fort:

„Wissen Sie, ich musste mit meiner Schamhaftigkeit kämpfen. Sie wissen, dass solche Liebesszenen bei uns nicht auf der Straße zur Schau gestellt werden. Das gehört sich nicht. Die Männer, doch, die küssen sich überall gegenseitig. Aber Männer und Frauen nicht. Als sie meine moraltriefende Weigerung hörte, warf sie mir vor, dass ich sie nicht mehr lieben würde. Ich versuchte sie zu überzeugen, dass der öffentliche Straßenkuss nichts mit der Liebe zu tun hat.“

„Aber meine Frau wollte auch ...“, sagte ich.

„Sind Sie verheiratet?“

„Ja, nein... ich meine Ex-Frau. Sie ist aber keine Deutsche, sondern eine Landsfrau. Die Frauen erlernen die äußerlichen Gepflogenheiten schneller als die Männer. Die erste Lektion, die sie hier gelernt hat, war der Straßenkuss. Ich meine, dieser Wunsch von Frauen hat nichts mit der Nationalität zu tun. Sie wollen von ihren Männern überall geküsst werden. Mir scheint, es ist eher eine Art Demonstration als ein Liebesakt.“

„Ja, ich glaube auch. Auf die Art, wie sie mich in der Öffentlichkeit vereinnahmte, tat sie es zu Hause jedenfalls nicht. Einmal fragte ich sie, ob es nicht besser wäre, wir würden gleich unser Bett überall mit hinschleppen. Sie fühlte sich beleidigt. Aber meine „Frechheit“, wie sie es nannte, hatte Erfolg: Sie verlangte nie wieder einen Straßenkuss. Aber komisch daran ist, dass jetzt ich in der Öffentlichkeit, besonders in meinem Restaurant, geküsst werden möchte.“

„Ach, dann ist sie nun glücklich, dass ihr Wunsch endlich erfüllt worden ist.“

„Nein, im Gegenteil: Sie sagt, das gehöre sich nicht in unserem Alter. Ich verstehe das nicht.“

Ich habe es auch nicht verstanden. Man muss nicht alles verstehen. Er hatte angefangen, von den „Kleinigkeiten“ zu erzählen. Das war für mich ein Erfolg, aber so konnte ich meinen Bericht noch nicht vollständig chronologisch darstellen. Deswegen stellte ich eine andere Frage:

„Wie habt ihr euch kennengelernt?“

„Ich habe mich in ihren hellen Nacken verliebt.“

„Was? Nacken? Habe ich richtig gehört?“

„Ja, Nacken. In einer Kneipe. Ich war mit einem Freund in einer Kneipe in Altona, glaube ich. Sie saß mit dem Rücken zu mir und redete leise mit einer Frau. Ihr braunes Haar war akkurat nach hinten gebunden. Ihr Nacken war so hell und perfekt geformt, dass ich mich auf den ersten Blick in ihn verliebte. Ich konnte ihr Gesicht nicht sehen, und musste ständig zur Toilette gehen, um sie bei der

Rückkehr zu beobachten. Ihre Gesichtszüge reizten mich nicht, aber jedes Mal, wenn ich wieder meinen Platz einnahm, zog mich ihr aufleuchtender Nacken so heftig an, dass ich nur noch einen Wunsch hatte: Ihren Nacken küssen zu dürfen. Mein Freund, der vor ein paar Jahren nach Iran zurückkehrte, riet mir, einfach zu ihr zu gehen um zu sagen, dass ich sie kennenlernen möchte. Ich wagte es aber nicht. Mein Freund schrieb meine Telefonnummer auf einen Untersetzer und reichte ihn ihr rüber. Ich glaubte nicht, dass sie mich anrufen würde, aber sie hat es getan. Na ja, so haben wir uns kennengelernt."

„Darf ich fragen, ob die Liebe zu ihrem Nacken ausreichte für eine wahre ... ja, ich meine ... für ein langjähriges gemeinsames Leben?"

„Wissen Sie, ich kann nicht verstehen, warum meine Frau ihre natürlich schöne, helle Haut so extrem braun machen will."

„Was hat das mit der Liebe zu tun?"

„Als ich sie kennenlernte, war es Winter und ich merkte allmählich, dass nicht nur ihr Nacken leuchtete, am ganzen Körper war ihre Haut genauso hell und sanft. Aber als sie im Sommer aus ihrem Spanienurlaub zurückkam, erkannte ich sie nicht wieder. Mein Gefühl für sie hatte plötzlich seinen Gefrierpunkt erreicht. Damals habe ich nichts darüber gesagt, weil sie ihre braune Haut ‚toll' fand. Je heller ihre Haut wurde, desto stärker wurde meine

Liebe zu ihr. Und dann im Winter, als ihre Haut die Natürlichkeit vollkommen zurückeroberte, habe ich ihr einen Heiratsantrag gemacht."

„Und haben Sie nie wieder darüber gesprochen?"

„Doch! Aber wissen Sie, Braunwerden wurde zu einer Sucht für sie. Früher hatte sie mindestens im Winter ihre natürliche Haut, aber jetzt ... mit diesem lächerlichen Sonnenersatz, ich meine Sonnenstudios, kann sie ihre Sucht das ganze Jahr stillen."

Es war inzwischen halb sechs und ich wollte um 18 Uhr unbedingt die Bundesliga in der ARD gucken, besonders wichtig war mir das Spiel des HSV gegen den F.C. Bayern. Es war der letzte Spieltag und der HSV brauchte nur einen Punkt, um sich direkt für die Champions-League zu qualifizieren. Ich musste mich zwischen weiteren Straßenküssen- und Hautgeschichten und dem Fußball entscheiden. Solche spannenden Spiele sind einmalig. Ich habe in meiner Jugendzeit viele schöne Spiele aus Schamhaftigkeit verpasst, was ich immer noch bereue. Als junge Marxisten hielten wir Fußball für ein Medium des Kapitalismus zur „Verblödung des Volkes". Ich sage „wir", aber nein, ich mochte schon damals Fußball und musste die Spiele heimlich im Fernsehen anschauen. Denn ich wagte nicht, ins Stadion zu gehen, da ich fürchtete, von meinen Genossen erwischt zu werden. Ich weiß nicht, ob manche von ihnen, genauso wie ich, Fußball mochten und insgeheim anschauten. Es hätte bestimmt mehr Spaß gemacht, wenn wir zusammen Fußball geguckt und darüber geredet hätten. Das war meine erste bittere Lektion innerhalb solcher Kameradschaften: „Verbergen der Gefühle". Also, seit Jahren möchte ich meine Leidenschaft nicht mehr verbergen. Deshalb habe ich mich für die Schönheit der Einmaligkeit entschieden und mich eilig von dem Mann verabschiedet. Als ich ihm sagte, dass ich um 18 Uhr Fußball gucken wollte, schaute er mich so erstaunt und irritiert an, als käme ich von einem fremdartigen Planeten. Er hatte keine Ahnung von Fußball. Wenn man Zidanes Tanz mit Ball betrachtet und sieht, wie er mit dem Ball Liebe macht, kann man Fußball nicht mehr lächerlich finden.

„Wie war das Interview?"

„Ach, wie soll es schon gewesen sein? Nichts Besonderes."

„Worüber habt ihr denn gesprochen?"

„Ach, was soll ich dir sagen, wir haben nicht viel geredet."

„Was soll das denn heißen? Ihr wart zwei Stunden zusammen, und habt nicht viel geredet? Was habt ihr denn gemacht?"

„Ach, weißt du, wir haben natürlich gequatscht, aber nichts wirklich Ernsthaftes besprochen."

„Du willst es mir nicht sagen."

„Nein, das ist nicht wahr. Außerdem hatte der Typ keine Zeit, weil er Fußball gucken wollte."

„Fußball?"

„Ja. Der Typ scheint mir nicht alle Tassen im Schrank zu haben. Er ist ein marxistischer Fußballfan. So was habe ich noch nie erlebt."

„Was? Marxistischer-... was?"

„Marxistischer Fußballfan!"

„Na ja, trotzdem habt ihr genug Zeit gehabt, um zu sprechen."

„Ja natürlich. Ich habe ein bisschen über meine Vergangenheit erzählt, über unsere erste Begegnung, na ja, über ... so was eben."

„So was? Na ja, das ist dein Problem, die Dinge nicht richtig und klar erzählen zu können."

„Was soll das denn bitte heißen!?"

„Ach nichts. Hast du was gegessen? Ich wollte gerade Abendbrot ..."

„Nein, ich habe nichts gegessen, aber ich habe keine Zeit mehr. Ich muss ins Restaurant. Eine Kellnerin hat sich krank gemeldet. Ich muss unbedingt da sein. Ich muss sie vertreten."

„Ja, wie immer hast du keine Zeit für mich und ich muss wieder allein essen."

„Fang bitte nicht wieder damit an! Ich muss arbeiten."

Die Geige

Während er sich im Badezimmerspiegel ansah, rückte er seine rote Krawatte zurecht. Er nahm den Kamm vom Bord unter dem Spiegel, kämmte seine frisch gegelten Haare sorgfältig nach hinten und rieb mit der Handfläche ein paar Mal über seinen Schnurrbart. Als er im Spiegel in seine Augen blickte und sich anlächelte, glänzten die beiden goldenen Zähne auf. In seiner linken Brust fühlte er einen stechenden Schmerz, der blitzschnell wieder verschwand. Er fegte mit den Fingern noch einige Haarschuppen von seinem dunkelblauen Jackett, bevor er sich abwandte. Als er die Tür des Badezimmers schloss, hörte er seine Frau aus der Küche, die laut zu ihm sagte: „Heute ist es, Gott sei Dank, sonnig. So kommen mehr Leute raus." Der Mann sagte nichts und ging durch den Korridor zur Haustür. Die Frau kam weiterredend zu ihm, während sie ihre Hände mit einem Handtuch trocknete: „Hoffentlich bleibt das Wetter so schön. So werden die Cafés voll."

Als der Mann seine Hand ausstreckte, um den Geigenkoffer von der Kommode zu nehmen, fragte seine Frau ihn: „Wann kommst du wieder zurück?" Der Mann erwiderte, ohne sie anzugucken: „Ich weiß es nicht. Mal sehen, wie die Arbeit läuft. Man kann hier nie sicher sein, ob das Wetter so bleibt."

Die Frau kam näher, stand hinter ihm und fegte mit der Handfläche ein paar Fussel von seinem Rücken. Als seine Hand den Türgriff drückte, sagte die Frau: „Komm aber nicht so spät nach Hause!" Der Mann öffnete die Tür und ging raus, ohne ein Wort zu sagen oder sich noch einmal nach ihr umzublicken.

Ich lasse mich im Café Lapaz, draußen am Heußweg nieder. Die angenehme 15-Uhr-Mai-Sonne scheint auf mich. Ein Mädchen kommt zu mir und fragt, was ich möchte. Ich bestelle mir einen Kaffee. Eine junge dunkelblonde Frau sitzt am Tisch vor mir, an der Straße. Ihre unter dem hochgerutschten Bündchen des dunklen Pullovers hervorscheinende weiße Hüfte, die in der Sonne leuchtet, zieht meinen Blick auf sich. Ich spüre das Bedürfnis, ihre Hüfte zu streicheln. Sie blättert im Hamburger Abendblatt. Das Mädchen stellt die Tasse auf meinen Tisch und schenkt mir ein dünnes Lächeln. Außer dem Tisch der Zeitung lesenden jungen Frau, die jetzt ihren Pullover ein wenig runterzieht, um ihre Hüfte zu bedecken, und meinem, sind noch zwei weitere Tische besetzt. An einem sitzt ein Mann in den Vierzigern, dessen Finger den Griff des Bierglases umringen. Ein paar Tische hinter mir sitzt ein rundliches Paar in den Sechzigern. Sie sind voller Konzentration mit ihrem Essen beschäftigt.

Ich nippe an meinem Kaffee. Er schmeckt mir nicht besonders gut. Um den Kaffee genießbar zu machen, schütte ich Milch und Zucker rein. Ich nehme einen großen Schluck aus meiner Tasse, greife nach den Zigaretten in der Brusttasche meines Hemdes und zünde mir eine an. Als ich den ersten Zug nehme, versetzt mir irgendwas einen heftigen Schlag ans Knie. Es ist eine der Einkaufstüten, die eine schwer atmend an mir vorbeigehende Frau in beiden Händen trägt. Sie wendet sich zu mir zurück, um mich derart feindselig anzublicken, als wäre ich schuldig. Als sie wortlos verschwindet, sehe ich einen kugeligen kleinen Mann mit einer Geige von der anderen Seite der Straße auf uns zukommen. Er weicht geschickt entgegenkommenden Autos aus und überquert die Straße. Er trägt einen dunkelblauen, fadenscheinigen Anzug mit einer roten Krawatte, die lose auf Halbmast baumelt und auf seinem runden Bauch bis über seinen Hosenbund reicht. Seine mit Gel geschmierten Haare sind sorgfältig nach hinten gekämmt. Er sieht wie ein Roma aus.

Er stellt sich neben die junge Frau, nimmt die Geige aus dem Kasten und lächelt sie an. Seine goldenen Schneidezähne strahlen im Sonnenlicht. Er fängt zu spielen an. Die Musik kenne ich nicht. Es hört sich nach osteuropäischer Volksmusik an. Eine helle Freude zuckt über das Gesicht der jungen Frau. Seine Aufführung dauert nicht länger als eine Minute. Die junge Frau gibt ihm Beifall. Die anderen und ich zeigen keine Reaktion. Der Musikant streckt seine Hand zur Frau und sagt „bitte schun!“ Sie öffnet ihre Handtasche und händigt ihm eine Münze aus. Der Mann kommt mit ausgestrecktem Arm zu mir, während er wiederholt „bitte schun!“ sagt. Ich gebe ihm kein Geld. Die anderen auch nicht. Das Paar ist immer noch so ins Essen vertieft, dass es den Mann und die Musik anscheinend nicht wahrgenommen hat. Er geht zu seinem Geigenkasten, um ihn vom Boden aufzuheben. Die Frau sagt mit kindlicher Erwartung: „Spielen Sie bitte noch ein anderes Lied?“ Der Mann aber verstaut die Geige im Koffer und geht weg, ohne ein Wort zu sagen oder sie anzublicken. Die Frau guckt mit verzweifeltem Blick herum, als wolle sie ihr Erstaunen mit jemandem teilen oder als erwarte sie eine Erklärung.

Ihr Blick trifft meinen. Ich lächle sie an. Ihre runden Lippen öffnen sich. Ich frage: „Glauben Sie, dass er verstanden hat, was Sie wollten?“

„Ja, ich glaube ... ja ...“

„Warum hat er dann nicht mehr gespielt?“

„Er hatte es eilig, glaube ich.“

„Wieso eilig? Das ist seine Arbeit.“

„Wahrscheinlich wollte er schnell weiter zu anderen Cafés gehen.“

„Vielleicht! Aber das war nicht nett von ihm, den Wunsch einer freundlichen und schönen Frau zu ignorieren.“

Sie ist nicht so schön. Sie hat sogar ein langweiliges Gesicht. Warum aber sage ich das dann? Dieses trügerische Kompliment muss mit meinem Bedürfnis nach dem Streicheln ihrer Hüfte in Verbindung stehen, die wieder in Erscheinung tritt.

„Ach nein!“, sagt sie, „solche Musikanten wollen nicht richtig spielen, sie wollen nur etwas verdienen. So ist es nun mal!“

Sie fängt wieder an, die Zeitung zu lesen.

Der Mann mit der Geige dreht den Schlüssel im Schloss. Als er die Haustür öffnet, hört er eine lachende männliche Stimme aus der Küche. Er schließt die Tür und das Lachen verstummt. Der Kopf seiner Frau taucht in der Küchentür auf. Sie verschwindet und kommt Sekunden später wieder zum Vorschein. Der Mann legt seine Geige auf die Kommode im Korridor. Die Frau sagt mit leicht zitternder Stimme: „Ach du bist es, Goral! Du hast mich erschreckt. Warum bist du so früh gekommen?“

„Es geht mir nicht gut!“, sagt der Mann.

„Was ist los? Was hast du?“

„Meine Brust tut weh. Ich fühle mich sehr müde.“ „Du musst zum Arzt ...“

„Ach, es geht schon wieder. Ich werde alt!“

„Badžo“, sagt die Frau, „ist da! Er wollte uns besuchen.“

Der Mann kommt mit kleinen Schritten zur Küche. Badžo, ein kräftiger, Mitte dreißigjähriger Mann mit langen schwarzen Haaren und Schnurrbart, steht vom Tisch auf. Er murmelt errötend: „Hallo Goral ... ich war in der Nähe, dachte ... ich könnte, ja... euch besuchen.“

Goral mustert Badžo, als kenne er ihn nicht. Sein Blick zögert kurz auf Badžos strumpflosen Füßen. Er sagt mit wässrigem Blick: „Es geht mir nicht gut, ich gehe mich hinlegen.“

Er geht mit kurzen Schritten und gesenktem Kopf zum Schlafzimmer.

Oh, dein Mann ist ein Iraner?

Das Drehen des Schlüssels im Schloss hatte mich geweckt. Natalie war zurück. Ich blickte auf den leuchtenden Wecker auf dem Nachttisch. Es war drei Uhr zwanzig morgens. Ich hörte, wie sie das Licht anmachte, den Schüsselbund auf dem Regal in Korridor ablegte, ihre Jacke und Schuhe auszog und ins Bad ging. Nach einer Weile hörte ich die Spülung. Sie machte das Licht aus, drückte langsam und leise den Griff der Schlafzimmertür. Ihre Alkohol-Fahne wehte zu mir herüber. Sie zog ihre Bluse und ihre Hose aus und kam zum Bett, ohne einen Schlafanzug anzuziehen. Ihre Schritte waren wackelig. Ich sagte: „Hallo, mein Schatz!" Sie blieb kurz stehen und fragte: „Bist du wach?" Ich zog die Decke halb hoch, um sie hereinschlüpfen zu lassen. Sie legte sich halb auf den Bauch mit dem Rücken zu mir. Ich rückte von meiner Seite an sie heran, legte mein Bein quer über ihr Fußgelenk, legte den Arm über sie, berührte mit den Fingern ihre Brüste und fragte: „Wie war eure Party?“ Sie seufzte und sagte mit rauchiger, betrunkener Stimme: „Ich bin ... sehr ... müüde. Morgen ... morgen erzähle ... i ... alles.“

Ich bin gegen neun Uhr wach. Sie schläft noch tief wie ein Baby. Heute ist Sonntag und sie kann ruhig ausschlafen. Ich stehe auf und gehe ins Badezimmer, sehe mich im Spiegel an, wasche meine Hände und das Gesicht, trockne mich mit dem Handtuch und gehe in die Küche, um Frühstück vorzubereiten. Herbstliches schwaches Licht fällt durch das Küchenfenster. Ich gieße Wasser in die Kaffeemaschine und setze sie in Gang. Ich setze mich an den Küchentisch und lese die gestrige *taz*. Ich habe vor, zu warten, bis sie aufsteht, um mit ihr zusammen zu frühstücken.

Als der Kaffee fertig ist, gieße ich mir eine Tasse ein, öffne das Fenster, zünde mir eine Zigarette an und lese weiter. In der Zeitung steht ein Bericht über einen 47-jährigen türkischstämmigen Mann. Als Ladengehilfe eines coop-Warenhauses in Kiel weigerte er sich, in der Getränkeabteilung Alkoholika in die Regale zu räumen. Ihm wurde fristlos gekündigt.
Der vom DGB im Arbeitsgerichtsverfahren unter-

stützte Mann begründete sein Verhalten damit, dass ihm sein muslimischer Glaube jeden Umgang mit Alkohol verbiete. Das Bundesarbeitsgericht entschied, dass nur dann eine fristgerechte Kündigung möglich sei, wenn der coop-Konzern keinen unproblematischen Ersatzarbeitsplatz bereitstellen könne.

Als ich laut über die schelmische Tat des Mannes lache, höre ich Natalie, die ins Badezimmer geht. Ich höre das plätschernde Wasser. Nach einer Weile kommt sie im Bademantel in die Küche, greift ihre langen Haare mit den Händen und legt sie von der Brust über die Schulter zurück nach hinten, presst sich die Finger an die Stirn und sagt, dass sie leichte Kopfschmerzen habe. „Ich glaube, ich habe zuviel getrunken." Ich frage, ob ich ihr eine Paracetamol holen solle. Sie kommt zum Tisch und sagt, Kaffee würde reichen. Sie setzt sich mir gegenüber, schlägt ihre Beine übereinander und fragt: „Warum lachst du?" Als ich anfange, zu erzählen, wie der muslimische Türke seinen Glauben als Mittel ausnutze, um einen Vorteil durchzusetzen, sagt sie, sie habe es auch gelesen. „Ja, aber ich verstehe nicht, warum der DGB mitmacht."

„Ich glaube, sie wurden einfach reingelegt."

„Solche Art übertriebener ‚Toleranz' gibt es auch in der Schule. Maren hat erzählt, bei einem Ausflug ihres Kindes, bei dem jeder etwas zu einem Picknick beisteuern sollte, beschlossen die deutschen Mütter, die Kinder dürften keinerlei Schweinefleisch mitbringen, weil auch zwei muslimische Kinder in der Klasse sind. Ist das nicht absurd? Sie haben auch Vegetarier und Gluten-Allergiker in der Klasse, niemand käme auf die Idee, dass deshalb keiner Brot oder Fleisch mitbringen dürfe."

Ich schenke ihr eine Tasse Kaffee ein und frage, wie es gestern Abend lief. Sie nimmt einen großen Schluck aus ihrer Tasse, leckt sich die Lippen mit der Zunge und fängt an zu erzählen:

„Als wir am Vereinshaus ankamen ..."

„Was für ein Haus ist das?"

„Ein altes Bauernhaus mit einem Veranstaltungsraum, einer kleinen Küche und einem großen Garten. Ja, als wir ankamen, standen schon kleine Grüppchen von insgesamt vielleicht fünfzehn bis zwanzig Leuten mittleren Alters etwas verloren beim Small-Talk vor der Tür, während das Organisationskomitee drinnen Essen und Getränke bereitstellte."

„Was gab es zu essen?"

„Sie hatten Suppen, die die ganze Nacht vor sich hin köcheln konnten, vegetarisch und mit Huhn, Brot und Käse kommen lassen. Ansonsten gab es Bier, Wein und alkoholfreie Getränke in unerschöpflicher Menge zur Selbstbedienung."

„Wer hat das bezahlt? Hat jemand das Geld ausgelegt?"

„Wir hatten jeder bei unserer Zusage zwanzig Euro vorab überwiesen. Vanessa hatte mir, als ich sie beim Joggen traf, berichtet, dass sie an diejenigen, von denen sie wissen, dass sie kein Geld hätten und von Sozialhilfe abhängig wären, die Einladung ohne Zahlungsaufforderung verschickt haben."

„Sehr nett! Was habt ihr dort gemacht?"

„Zunächst waren nur Leute aus anderen Klassen zu sehen. Anna, Marie und ich wurden zurückhaltend von den Anwesenden begrüßt. Marie blieb gleich draußen stehen und ging wie angekündigt nach einer guten Stunde wieder."

„Ist sie tatsächlich nur eine Stunde da geblieben? Wieso?"

„Sie war erst in der Oberstufe nach Hamburg gekommen und hatte ihre Leistungskurse an anderen Schulen, so dass sie nur wenige Leute kannte. Sie hat sich dort wie ein Fremdkörper gefühlt und deshalb allen signalisiert, sie wäre gelangweilt. Anna schwirrte umher, um zu sehen, wer aus ihrer Klasse schon da war."

„Welche Anna? Unsere Nachbarin?"

„Nein, mit dieser Anna bin ich nie in der gleichen Schule gewesen. Du kennst sie. Anna Helbling. Ich habe dir schon mal von ihr erzählt. Mit ihr hatte ich mich im letzten Schuljahr locker angefreundet. Wir trampten am Wochenende zusammen zur Disco in Kirchwerder und zurück nach Bergedorf. Damals fuhr die S-Bahn am Wochenende noch nicht durchgehend und Nachtbusfahrten aus der Stadt waren kompliziert."

„Was hast du gemacht? Hast du die ganze Zeit mit alten Schulkameraden geplaudert?"

„Ich suchte zunächst die im Haus verteilten Organisatoren des Abi-Treffens und besorgte uns schon mal Getränke."

„Das habe mir doch gedacht. Du hattest von Anfang an nur ein Trinkgelage im Sinn!"

Sie nippt an ihre Tasse und sagt: „Ach nee, nicht nur das. Du übertreibst wie immer. Mehr und mehr Leute trudelten ein und wir hielten weiterhin Small-Talk miteinander. Es dauerte noch ein wenig, bevor die versammelten Norddeutschen als Gruppe neu Ankommende mit Jauchzen und Umarmungen begrüßten."

„Ist auch euer ehemaliger Schuldirektor gekommen?"

„Ja, er und einige Lehrer waren auch dort. Er ist jetzt neunzig Jahre alt. Am Rande des Pulks stehend, sah ich ihn als eine der ersten. Er kam von der Bushaltestelle auf der anderen Seite und schien etwas unsicher beim Überqueren der Straße, ging dann aber gerade und zügigen Schrittes auf uns zu. Er sah kleiner aus als früher. Ansonsten so gut wie unverändert. Ich glaube, ich habe es dir schon mal gesagt: Er hat einen Arm im Krieg verloren. Früher trug er immer seinen großen Schlüsselbund an einem Haken. Wenn er an einem Klassenraum vorbeikam, in dem Radau war, weil kein Lehrer anwesend war, schleuderte er die Schlüssel so auf das Lehrerpult, dass sie laut scheppernd genau in der Mitte liegenblieben. Sobald er selbst den Raum betrat, war es sowieso sofort ruhig. Er war eine absolute Respektsperson. Immer im hellgrauen Anzug. Streng und gerecht. Niemand stellte seine Autorität in Frage. Er hat die Schule aufgebaut. Das Allerschlimmste war, wenn man wegen irgendwelcher Vergehen zu ihm ins Büro geschickt oder gerufen wurde. Er schrie, schlug oder strafte nicht etwa, nein, er fragte einfach: ‚Warum bist du hier?‘ bzw. ‚Wissen Sie, warum Sie hier sind?‘ Dann sagte man tunlichst die Wahrheit und beichtete die jeweilige Missetat. Die folgende Frage war dann oft besonders unangenehm zu beantworten: ‚Und warum hast du das getan?‘ Abschließend gab er dem Delinquenten die Möglichkeit, eine Lösung zu finden, um die jeweilige Sache wieder in Ordnung zu bringen.“

„War er auch politisch aktiv?“

„Ich habe keine Ahnung, wie er politisch eingestellt ist. Er hat uns durch sein Vorbild zu Demokratie und Gewaltfreiheit erzogen. Dazu brauchte er nicht viel mehr tun, als bei passender Gelegenheit mit seinem leeren Ärmel zu zucken. Nur einmal gab es einen politischen Skandal.“

„Was meinst du damit? Inwiefern das denn?“

„Es war die Zeit des NATO-Doppelbeschlusses, Kalter Krieg. In der Schule mit 1000 Schülern gab es einen Bunker für knapp 200 Personen. Er wurde von der Behörde angewiesen, einen Belegungsplan zu machen. Er weigerte sich: In seinem Verantwortungsbereich würden keine Selektionen vorgenommen.“

„Wie habt ihr reagiert, als ihr euren ehemaligen Schulleiter saht?“

„Als er den Weg entlang kam, drehten sich alle nach ihm um und bildeten eine Art Spalier. Jeder wollte ihm die Hand geben. Er entschuldigte sich. Wir müssten ihm unsere Namen sagen, denn er könne nicht gut sehen, er werde übermorgen am Auge operiert. Jeder sagte beim Handreichen brav seinen Vor- und Nachnamen. Er hielt die Hände, während er den jeweiligen Vornamen wiederholte. Er erkannte uns alle wieder! Wie früher siezte er uns und sprach uns dabei mit Vornamen an. Falls ihm ein Name nicht gleich präsent war, fragte er nach, in welcher Klasse derjenige gewesen war und erinnert sich dann. Nach über 30 Jahren. Kannst du dir das vorstellen?“

„Tatsächlich? Unglaublich!“

„Gegen 18 Uhr hatte sich die Versammlung so, noch ganz ohne Alkoholeinfluss, in einen schnatternden Menschenschwarm verwandelt: ‚Weißt du noch...?‘ ‚Ich erinnere mich ...‘, ‚Kennst du noch...?‘ ‚Wo ist eigentlich ...?‘ Die Leute wurden nostalgisch und teilweise sentimental. Einerseits meint man sich schon ewig und ‚wirklich‘ zu kennen, andererseits besteht keine Gefahr dem Gegenüber im alltäglichen Leben zu begegnen. Die entstehende Mischung aus Intimität und Anonymität führt dazu, dass die Leute ungewöhnlich offen miteinander umgehen.“

„Warum isst du nicht?“

„Ich habe keinen Hunger. Später. Noch einen Kaffee möchte ich.“

Ich gieße Kaffee aus der Kanne in ihre Tasse und sage: „Mich interessiert, was für Menschen sie geworden sind. Was machen sie beruflich?“

„Viele, knapp die Hälfte, haben nicht studiert, sondern einen Lehrberuf ergriffen. Bafög gab es damals gerade nur als Darlehen. Immerhin vier Stewardessen im Jahrgang, was ich überraschend finde. Ansonsten die zu erwartende Mischung an Lehrern, Juristen, BWLern und Medizinern, einer arbeitet für eine Hilfsorganisation im Auslandseinsatz. Einige sind aus verschiedenen Gründen, wie Kinder, Krankheit oder Sucht, auf staatliche Unterstützung angewiesen. Anscheinend haben wir noch keine Toten unter uns. Diejenigen, die auf den nach dem Abi üblichen Reisen, als ‚Aussteiger‘ und ohne Ausbildung unbekümmert im

Ausland hängengeblieben waren, sind anscheinend alle wieder da. Diejenigen, die geplant weggingen, scheinen sich in ihren Wunschheimaten etabliert zu haben. Keine ‚hauptberuflichen' Künstler, aber viele sozial engagiert mit kreativen Hobbys."

„Dein Großcousin, wie heißt er ...?"

„Du meinst Albrecht?"

„Ja, Albrecht. War er auch da?"

„Ja! Er hat mich zur Familiengeschichte interviewt. Väterlicherseits sei er bei seinen Recherchen bis ins 17. Jahrhundert zurückgekommen. Da gab es noch Ariernachweise in den Papieren. Erstaunlich, dass Leute bereit sind, diesen vermutlich größtenteils erfundenen und geschönten Abstammungsnachweisen weiter dokumentenecht zuzubilligen. Er war nicht wirklich glücklich mit meiner Vermutung, dass unsere gemeinsamen Vorfahren der großmütterlichen Familienlinie vermutlich, kaum befreit aus der Leibeigenschaft, landflüchtig direkt zum Industrieproletariat im Eisenwerk wurden."

Sie nippt an ihrer Tasse und sagt: „Noch einen Kaffee bitte!"

„Du trinkst nur Kaffee auf nüchternen Magen. Du musst etwas essen."

„Später!"

Ihre langen dunkelblonden Haare glänzen im Sonnenlicht, das sich in diesem Moment durchs Fenster über ihr ausschüttet. Ich schmiere ein halbes

Brötchen mit Butter und Erdbeermarmelade, ihrer Lieblingsmarmelade, und reiche es ihr. Sie nimmt es, legt es auf ihren Teller und fährt fort:

„Mein erster Freund war auch da. Über ihn habe ich dir schon mal erzählt."

„Ja, aber nicht viel."

„Von unserer Beziehung gibt es nicht viel zu erzählen. Also, er kam angetrunken zu mir. Erzählte mir auf eine patriarchalisch-sexistische Art von seiner ehemaligen Frau und seinen verschiedenen Affären. Sie hatten zwei Jahre lang, bereits getrennt, wegen der Kinder, weiter zusammen in der gemeinsamen Wohnung gelebt. Als er dann eine neue Freundin hatte, drehte Vivian völlig durch, mit Verwüstung der Wohnung und Kampf um jeden Pfennig vor Gericht. Danach berichtete er mir auf grässlich herablassende Art über seine neue Freundin, die ihn aus dem für ihn ungewohnten und unerträglichen Alleinleben gerettet hatte. Dann fragte er mich unvermittelt: ‚Ist dein Mann Muslim?', woraufhin er mich darüber aufklärte, wie schrecklich Moslems Frauen behandeln würden. Er sähe das ja immer bei seinen Geschäftskontakten in Nordafrika. Ob ich nicht Angst hätte, zum Beispiel mit in den Iran zu fahren, da mein Mann mich ja dort einfach gefangen halten könne ... Ich sagte ihm: ‚Keine Sorge, ich habe meinen Tschador heute nur für euch abgelegt und werde nachher eine ganze Knoblauchknolle kauen, damit er die Bierfahne nicht riecht.‘ Dann wurde ich ein bisschen laut und sagte: ‚Wie kommst du darauf, dass ich mein halbes Leben mit einem Partner verbringen würde, der so etwas täte?‘ Anscheinend glaubte er mir nicht so ganz; denn es kam trotzdem auch die obligatorische Klassifizierungs-Frage: ‚Wie lange ist dein Mann schon hier?‘ ‚Oh, du hast mit Iranern zu tun? Du willst abschätzen, mit welcher Welle er, aus welchen politischen Gründen den Iran verlassen hat?‘ ‚Bist Du auch Muslima geworden?‘

Ich hatte keine Lust mehr, einfach mitzuspielen und wie gewöhnlich mit einer bissigen Bemerkung zu kontern. Mir schien plötzlich alles, sogar diese Party, absurd. Ich sah ihn nur an. Als er mit seinem Fragebogen fertig war, strich ich ihm mit der Hand über die Wange und sagte: ‚Weißt du, es tut mir wirklich leid, dass du ein so unzufriedener und unglücklicher Mensch geworden bist.‘ Da zuckte er zurück.“

Sie wickelt sich eine Haarsträhne um die Finger, angelt mit der freien Hand das geschmierte Brötchen vom Teller und nimmt einen Bissen. Ich schiebe die Tasse vor mir ein paarmal hin und her, schenke uns beiden noch einen Kaffee ein und zünde mir eine Zigarette an.

Ein goldener Oktobertag am Schulterblatt

Heute ist ein goldener Oktobernachmittag. Die Cafés am Schulterblatt verlocken dazu, draußen zu sitzen und zu rauchen. Eigentlich müsste ich um diese Zeit einen Sprachkurs leiten, aber die Zahl der angemeldeten Teilnehmer war zu gering und der Kurs ist ausgefallen. Ich wähle ein Café aus, in dem nur wenige Leute sitzen. Ich verstehe einfach nicht, dass manche Cafés oder Kneipen so voll sind, dass einige draußen stehend ihren Kaffee oder Bier trinken und so stundenlang miteinander plaudern, obwohl das Nebencafé halbleer ist. Hier, in diesem Café, muss man sich selbst bedienen. Ich gehe rein. Ein Latina-Mädchen fragt mich, was sie für mich tun könne. Ich will sagen, Sie sind nicht in der Lage, etwas für mich tun zu können. Ich sage es aber nicht.

Ich glaube, das Mädchen würde mit meiner Reaktion nicht zurechtkommen. Ich kaufe mir eine Tasse Kaffee und ein Stück Walnusskuchen, gehe raus und nehme mir einen Stuhl ganz hinten, der einen Panoramablick über den ganzen Platz bietet.

Hier sitzen zwei Paare an zwei Tischen, zwei Frauen reden Kopf an Kopf leise miteinander und drei junge Männer sind ein wenig laut. Dem Café gegenüber, etwa zehn Meter entfernt, befindet sich eine Bank am Rand der Straße, um die eine nationalitätengemischte Gruppe von vier hämisch grinsenden Jugendlichen herumlungert. Anscheinend haben sie etwas Lustiges entdeckt, worüber sie sich amüsieren. Sie beobachten die auf der Treppe der Roten Flora schlafenden oder sitzenden Obdachlosen und lachen über sie.

Auf der rechten Seite des Cafés sitzt ein Bettler auf dem Boden, neben einer Plakatwand, auf der eine nackte Frau am Strand für den Fotografen posiert, um die Schönheit eines orientalischen Landes zu bewerben. Der Bettler hat eine Jacke mit Kapuze an, sein Kopf hängt so tief zu Boden, dass man sein Gesicht kaum sehen kann. Vor ihm steht eine rote Plastikschüssel. Ein junger Mann steht wartend ein paar Meter entfernt vom Bettler an der Ecke. Wahrscheinlich ist er dort mit jemandem verabredet.

Ein Spatz kommt zu meinem Tisch und wartet keinen Meter entfernt unter dem Tisch auf die

Krümel meines Kuchens. Die städtischen Vögel werden von Jahr zu Jahr frecher, haben keine natürliche Scheu vor Menschen mehr.

Auf der linken Seite des Cafés, etwa dreißig Meter entfernt, schwärmen Kinder aus, um Eis zu holen. Neben der Eisdiele steht eine fast zwei Meter hohe Eistüte – drei Kugeln mit Sahne und Schokolade. Ein Junge mit strahlendem Gesicht geht mit seiner Mutter vorbei zum Eisladen. Plötzlich reißt er sich von der Hand der Mutter los und rennt zum Laden. Er bleibt vor der großen Eisstatue stehen, springt an ihr hinauf, umarmt und küsst sie. Er hält die Eisstatue umarmt, bis seine Mutter ihn erreicht. Die Mutter bleibt bei ihm stehen, lächelt ihn liebevoll an und sagt etwas, das ich nicht hören kann.

Als ich ein Stück Kuchen in den Mund nehme, kommt eine alte, bucklige, türkische Frau mit Schleier zum Vorschein. Sie geht langsam und vorsichtig und zieht mit der rechten Hand eine schwere Taschenkarre hinter sich her. Sie bleibt mir gegenüber stehen, schaut suchend um sich. Ich glaube zunächst, sie sucht nach einem Platz um sich zu setzen, aber sie geht langsam weiter vorwärts. In ein paar Meter Entfernung bleibt sie wieder stehen, wendet ihren Kopf nach hinten und nach beiden Seiten. Dann geht sie zu einem Mülleimer, der an einem Laternenmast befestigt ist. Jetzt weiß ich, wonach sie sucht. Sie will im Müll etwas Brauchbares finden.

Als sie den Mülleimer erreicht, öffnet sie ihre geballte linke Hand, wirft etwas hinein und geht langsam und vorsichtig weiter. Die vier um die Bank herumlungernden Jugendlichen entdecken jetzt die alte Frau, zeigen mit den Fingern auf sie, sagen etwas und lachen über sie.

Ich sehe eine zierliche, junge Roma-Frau, die eine Rose in der Hand hält. Sie läuft zu dem jungen Mann, der in der Nähe des Bettlers jemanden erwartet. Der Mann bewegt sich nicht und zeigt kein Interesse an der Frau. Sie geht zu ihm, streckt ihm die Hand mit der Rose zu. Der Mann nimmt die Rose lächelnd an. Die Frau bleibt stehen und guckt den Mann an, als wolle sie etwas von ihm hören. Der Mann sagt aber nichts, guckt sie nur erstaunt an, als hätte er so eine Aktion von einer Frau nicht erwartet. Die Frau sagt: „Zwei Euro." Der Mann schüttelt seinen Kopf und fragt verwirrt: „Was?" Die Frau wiederholt: „Die Rose kostet zwei Euro." Der Mann sagt voller Verlegenheit: „Oh, nein, ich will aber keine Blumen." Er tritt einen Schritt zurück, streckt seinen Arm aus und gibt der Frau ihre Rose wieder zurück. Sie nimmt sie und geht weiter zu einem anderen Mann, der im Nebencafé sitzt. Sie versucht ihm die Rose in gleicher Weise zu verkaufen. Er kauft die Rose aber auch nicht. Die junge Frau geht weiter und sucht nach anderen Männern.

Eine rothaarige Dame Anfang vierzig geht langsam

vorbei. Sie hat das milde Wetter genutzt, um noch einmal ein Sommerkleid zu tragen, eine bunte Tasche hängt um ihre Schulter. Als sie auf meiner Höhe ankommt, taucht plötzlich einer der orientalisch aussehenden Jugendlichen vor der Frau auf. Der Junge baut sich wenige Zentimeter vor ihr auf, nutzt seine körperliche Überlegenheit, um ihr den Weg zu verstellen. Die Frau versucht, um ihn herum zu gehen, aber er versperrt weiter ihren Weg, wiederholt mehrmals: „Ficki-ficki!" und lässt sie nicht frei. Da verpasst sie dem Jungen plötzlich blitzschnell eine Ohrfeige, packt ihn am Schlafittchen, zerrt ihn an sich heran und antwortet ihm laut: „Davon kannst du aber nur träumen. Schäm dich, ich könnte deine Mutter sein."

Ich überlege mir, ob ich der Frau helfen soll, doch da geht der Junge schon verblüfft grinsend zu seinen Freunden auf der Bank zurück. Die Frau aber schreit weiter: „Du Rotzlöffel hast doch keine Ahnung wie das geht, du bist ja noch grün hinter den Ohren. Und eins kann ich dir flüstern, auf die Art wirst du ganz sicher keine finden, die es dir beibringt und musst dein Leben lang im Handbetrieb weiterarbeiten ..."

Die Jungs lachen laut und die Frau setzt ihren Weg fort, weiter schimpfend wie ein Rohrspatz, bis ich ihre Worte nicht mehr verstehen kann. Die vier Jugendlichen verschwinden auch. Hier haben sie sich genug amüsiert und suchen wahrscheinlich woanders neue Opfer.

Ein Telefon klingelt. Alle im Café sitzenden Leute greifen in ihre Taschen oder Klamotten. Ich kenne solche Aufregung nicht, denn ich besitze kein Handy. Es ist das iPhone des Bettlers, der sich unter seiner Kapuze über dem Boden duckt. Er legt das Handy mit gesenktem Kopf ans Ohr und sagt mit zarter Stimme: „Ich kann nicht ... was? Nein, ich bin bei der Arbeit. Ich rufe dich zurück!" Er steckt sein iPhone zurück in seine Jackentasche und bleibt wie vorher regungslos mit gesenktem Kopf sitzen. Ich starre auf die rote Schüssel, die vor ihm steht. Ich bin neugierig, wie viel Geld sich wohl in seiner Schüssel befindet. Wie viel sammelt der Mann am Tag? Ich stelle mir vor, zu ihm zu gehen, um seine Schüssel zu stehlen. Ich habe plötzlich Lust, sein Geld zu rauben und zu fliehen. Ist das sein Geld? Er hat gar nichts getan, um es sich zu verdienen. Würde ich das Geld der anderen klauen? Was würde passieren, wenn ich seine Schüssel klauen würde? Wie würde er selbst reagieren? Für was für einen Spinner würden mich die Leute halten?

Ich trinke meine Tasse leer, stehe auf, gehe zum Bettler und bleibe vor ihm stehen. Ich möchte sein Gesicht sehen, bevor ich sein Geld stehle. Er reagiert gar nicht. Sein Kopf ist immer noch gesenkt und gut bedeckt von der Kapuze. Ich sage „Hallo!“ Er reagiert wieder nicht. Ich wiederhole mein „Hallo“ lauter. Er bewegt sich ein wenig, hebt sein Kopf langsam hoch. Ich sehe zunächst nur die dunkle Sonnenbrille über seinen Augen, dann kommt sein Antlitz zum Vorschein. Sie ist eine junge Frau.

Als ich anstatt eines schmutzigen, stollbärtigen Mannes eine junge Frau vor mir sehe, verliere ich meine Lust und den Mut, sie zu berauben. Wieder zeigt sich meine Schwäche gegenüber einer Frau. Ich stecke meine Hand in die Hosentasche. Die einzige Münze, die ich finde, ist ein Euro. Ich werfe ihn in ihre rote Schüssel und sage „Entschuldigung!“ Sie guckt mich erstaunt und ein wenig verwirrt an und sagt: „Danke!“

Das Innere Exil des Elefanten

Im Dschungel entdeckten Wildhüter eine ermordete Elefantin. Ihre Elfenbein-Stoßzähne waren abgesägt. Neben der Leiche stand das Elefantenkind und versuchte, seine Mutter mit dem Rüssel wachzurütteln. Die Wildhüter nahmen das Kalb mit, um es aufzuziehen. „Allein im Dschungel hat es keine Chance zu überleben", erklärte der Leiter der örtlichen Wildtierauffangstation gegenüber der Presse.

Kurz darauf war das Bild des verwaisten Elefantenkindes auf der ganzen Welt zu sehen: in Zeitungen und Zeitschriften, im Fernsehen und natürlich online. Auf Facebook wurde sein Foto millionenfach geklickt. Überall auf der Welt zeigten die Menschen ihr Mitgefühl mit dem Elefantenkind, das jetzt den Namen Bubulu trug, wobei niemand wusste, warum es so genannt wurde. Ein Kinofilm über sein Schicksal wurde zum Welterfolg. Bubulu wurde zu einem beliebten Namen für neugeborene Kinder. Die abgelegene Wildtierauffangstation, in der er unter menschlicher Obhut lebte, wurde zur Touristenattraktion, und Tierrechtsaktivisten weltweit begannen, seine Freilassung zu fordern.

So wurde Bubulu, nachdem er zu einem Elefantenbullen herangewachsen war, auf Druck der Öffentlichkeit von seinen Pflegern im Dschungel ausgesetzt. Alle waren sich sicher, dass er dort Anschluss an eine Elefantenherde fände und glücklich bei seinem Volk leben würde. Die Freilassung wurde von Fernsehteams begleitet und live von BBC-Wildlife und Animal Planet übertragen. Die ganze Menschheit bejubelte seine Freiheit und war erlöst, als wäre dies das einzige Problem auf der Welt gewesen. Viele hatten vor Freude vor ihren Fernsehapparaten, Computern, iPads und wie sie alle heißen mögen, geweint. Vor allem die Ausländer und Obdachlosen jauchzten. Zeitungen titelten „Heimatloser kehrt in seine Heimat zurück."

Doch die Geschichte endete nicht mit Bubulus Rückkehr zu seinem Ursprung. Fernsehteams aus aller Welt verfolgten ihn und sein Schicksal, hinzu kamen freie Journalisten, die sich schnelle Berühmtheit verschaffen wollten. Sie observierten den Elefanten und berichteten in die ganze Welt, wie er sich im Dschungel verhielt, wie er aß, wie er urinierte, wie er furzte. Als verwirkliche sich der Film von Die Truman Show, wurden Waren mit Bubulus Abbild produziert: T-Shirts, Geschirr, Spielzeuge, Slips, Mützen und sogar Kondome.

Ein Gespräch wie folgendes könnte in vielen Familien stattgefunden haben:

Die Mutter: „Was möchtest du werden, wenn Du erwachsen bist?“

Das Kind: „Ich möchte Bubulu werden.“

Die Mutter: „Ein Elefant?“

Das Kind: „Ja, ein Elefant. Aber ich kann nicht wie Bubulu furzen.“

Der Vater: „Um wie Bubulu zu furzen, musst du zuerst ein großes Arschloch werden.“

Das Kind: „Was ist Aschloch, Mama?“

Die Mutter: „Einer wie dein Papa!“

Jeder wollte der Erste sein, der von Bubulus Aufnahme in eine Elefantenfamilie berichtet. Aber alle Herden verbannten Bubulu, die anderen Elefanten wollten ihm nicht Gesellschaft leisten und seine Anschlussversuche scheiterten. Er blieb allein und einsam im Dschungel.

Eine weltbekannte Psychologin kam zu dem Schluss, Bubulu habe einen „Inneren-Exil-Komplex“ internalisiert, der es ihm unmöglich mache, seiner Spezies die eigene Zugehörigkeit zu demonstrieren. Ein anderer behauptete, Bubulus „Menschengeruch“ verhindere, dass die Elefanten ihn als Artgenossen wahrnähmen.

Bubulu war allein und die Menschen weinten um ihn.

Eines Tages näherte sich ein deutscher Reporter mit „Migrationshintergrund“ Bubulu, der gerade damit beschäftigt war, mit seiner Rüsselspitze die goldgelben Früchte eines Marula-Baumes in den Mund zu stecken und genüsslich zu fressen. Der Reporter war ausnahmsweise der einzige Mensch, der sich zu dieser Zeit dort aufhielt und schoss ungestört viele Bilder, während der Elefant in aller Gemütsruhe weiter fraß und den fotografierenden Menschen in seiner Nähe ignorierte. Der Reporter begann, auf den Elefanten einzureden:

„Ich weiß, dass du einsam und traurig bist. Dein Fremdheitsgefühl kann ich gut nachvollziehen, weil ich selbst ein Ausländer und Fremder bin und ...“

Unerwartet streckte Bubulu seinen Rüssel zum Reporter und stieß einen lauten, trompetenden Schrei aus, der ganze Dschungel bebte und der Mann fiel hin. Bubulu sagte mit erhobener Stimme: „Hey du! Lass‘ mich in Ruhe. Behalte deinen moralpredigenden Quatsch für dich. Ich fühle mich hier glücklich; wenn nur ihr Menschen mich in Ruhe lassen würdet!“

Er wandte dem Journalisten den Rücken zu, ging fort und verschwand hinter den Bäumen; für immer.

Der Reporter bereute, nur fotografiert und seine Stimme nicht aufgenommen zu haben. Keiner glaubte ihm. Ein bekannter Psychologe analysierte das vom Reporter behauptete Gespräch mit dem Elefanten und interpretierte es als die „innere Stimme“ der Menschen mit Migrationshintergrund, die ihre Gefühle einsamen Tieren in einer Spiegelung übertragen!

Im Sujet Verlag erschienen

Carolas andere Tode
von Mahmood Falaki

aus dem Persischen
von Susanna Beghestani

Novelle
1. Aufl. 2009
174 Seiten, 10,80 €
ISBN: 978-3-933995-44-5

Carolas andere Tode erzählt aus Sicht dreier Erzähler den Ablauf der Geschichte einer Liebesbeziehung zwischen einer Deutschen und einem Perser, der mit seiner Familie nach Deutschland fliehen musste. Ein neues Meisterwerk Falakis hinsichtlich der Exilliteratur - eine gelungene Kombination zwischen sprachlich fein abgerundeter Literatur und scharfsinnigem Kriminalroman, spannend bis zur letzten Zeile.

Mahmood Falaki wurde 1951 im Norden Persiens geboren. Im Iran studierte er zunächst Chemie und Bibliothekswissenschaft. Während der Schah-Zeit wurde er wegen seiner politisch-literarischen Aktivitäten zu drei Jahren Haft verurteilt. Nach der Übernahme der Herrschaft durch die Mullahs musste er das Land verlassen. Seit 1983 lebt er in Deutschland und seit 1986 in Hamburg. Er absolvierte sein Studium der Germanistik und Iranistik an der Universität Hamburg. Seine literarische Arbeit umfasst Lyrik, Erzählungen, Romane und Literaturkritik, wovon bisher 22 Bücher vorliegen.

Die Schatten
von Mahmood Falaki

aus dem Persischen
von Behzad Abbassi

Novelle
2. Aufl. 2004; Hardcover
184 Seiten, 14,80 €
ISBN: 978-3-933995-07-0

Am Anfang der 60er Jahre am Kaspischen Meer im Norden Irans: Der Erzähler, der nach etwa dreißig Jahren versucht, den auf mysteriöse Weise geschehenen Mord an seinem Onkel aufzuklären, stellt durch Fotos eine geheimnisvolle innere Beziehung zu seiner Kindheit her und kommt dabei mit außergewöhnlichen Menschen, der totalitären Funktion der islamischen Religion, der Welt der Frauen unter patriarchalischer Gesellschaft und der ersten Liebe in Berührung...

Mahmood Falaki wurde 1951 im Norden Persiens geboren. Im Iran studierte er zunächst Chemie und Bibliothekswissenschaft. Während der Schah-Zeit wurde er wegen seiner politisch-literarischen Aktivitäten zu drei Jahren Haft verurteilt. Nach der Übernahme der Herrschaft durch die Mullahs musste er das Land verlassen. Seit 1983 lebt er in Deutschland und seit 1986 in Hamburg. Er absolvierte sein Studium der Germanistik und Iranistik an der Universität Hamburg. Seine literarische Arbeit umfasst Lyrik, Erzählungen, Romane und Literaturkritik, wovon bisher 22 Bücher vorliegen.

Tödliche Fremde
von Mahmood Falaki

Roman
1. Auflage 2018
320 Seiten, 22,80 €
ISBN: 978-3-96202-022-4

Seinen neuen Roman Tödliche Fremde nutzt Mahmood Falaki zur Thematisierung der aktuellen „Fremden" Problematik und Erkundung universeller zwischenmenschlicher Komplikationen um Liebe und Tod. „Wo beseitigt man in Hamburg eine Leiche?" Das ist nur eine von vielen Fragen, die den Protagonisten Nima, einen 43-jährigen Hamburger Lehrer beschäftigen. Um ihn herum scheinen alle nicht mehr ganz bei Trost zu sein. Sein Kumpel Heiko will, dass er mit seiner Frau schläft. Sein Freund Bardia, ein geflüchteter mittelloser iranischer Dichter, verwickelt sich in Rauschgiftgeschichten und einen Mordfall.

Mahmood Falaki wurde 1951 im Norden Persiens geboren. Im Iran studierte er zunächst Chemie und Bibliothekswissenschaft. Nach der Übernahme der Herrschaft durch die Mullahs musste er das Land verlassen. Seit 1983 lebt er in Deutschland und seit 1986 in Hamburg. Er absolvierte sein Studium der Germanistik und Iranistik an der Universität Hamburg. Seine literarische Arbeit umfasst Lyrik, Erzählungen, Romane und Literaturkritik, wovon bisher 22 Bücher vorliegen.

Versteh einer die Deutschen

von Taqi Akhlaqi

Aus dem Persischen von Jutta Himmelreich

Erzählung
1. Aufl. 2024; Softcover mit Schutzumschlag
275 Seiten; 19,80 €
ISBN: 978-3-96202-135-1

Im Jahr 2016 kam, neben vielen Schutzsuchenden, auch ein Schriftsteller aus Afghanistan nach Deutschland. Ein Arbeitsstipendium des Vereins Heinrich-Böll-Haus Langenbroich führte Taqi Akhlaqi in die Stadt Düren.
Vor dieser Reise hatte er Europa nur im Spiegel seiner Literatur und Kunst gesehen und kannte Deutschland durch dessen Schriftsteller und Philosophen. Er verließ Kabul deshalb mit vielen schönen Vorstellungen von dem, was ihn in Deutschland erwarten würde. Unter anderem war er überzeugt, dass Deutsche, auf der Straße freundlich angesprochen, ihm aus dem Stegreif Zeilen aus Also sprach Zarathustra aufsagen könnten.

„Seine Texte erzählen von Flucht, Exil und roher Gewalt, stellen diese Momente aber immer in eine Perspektive, die den reinen Schockeffekt bricht und dahinter den – für uns – unbekannten Kontinent der Lebenswelt sichtbar macht, in der sich solche Schicksale abspielen.[...]"- Angela Schader, Berliner Künstler Programm

Taqi Akhlaqi, 1986 in Afghanistan geboren, wanderte als Kind mit seiner Familie in den Iran aus, wo er zur Schule ging. 2004 kehrte er mit seiner Familie nach Afghanistan zurück, und studierte internationale Beziehungen an einer privaten Universität in Kabul. Seine Liebe zur Literatur hat ihn in den letzten zwanzig Jahren zum Lesen und Schreiben bewegt und ihm geholfen, die Kriegsbedingungen in Afghanistan zu überleben. Für sein belletristisches Werk erhielt er eine Reihe von Preisen und Anerkennungen. Sein Debütroman„Kabul 1400" (im Original auf Farsi/Dari geschrieben), ist im August 2023 beim Borj Verlag im Iran erschienen. 2018 erschien seine Kurzgeschichtensammlung„Aus heiterem Himmel" bei der Edition Tethys in Potsdam.

Noch zweimal einpacken bis Südterrasse

— vollständig ausgepackt und renoviert

von Amir Shaheen

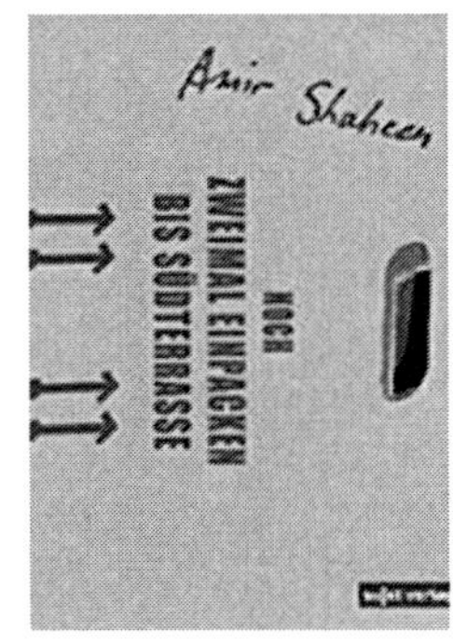

Satire

Erweiterte Neuaufl. 2020
Klappenbroschur
216 Seiten, 14,80 €
ISBN: 978-3-96202-055-2

Eigentlich möchte Amir Shaheen nur wohnen – aber nicht irgendwie und am liebsten mit seiner Freundin zusammen. Also suchen die beiden eine gemeinsame Wohnung, was schon abenteuerlich ist. Doch als die Traumwohnung gefunden ist, geht der Alptraum erst los: Nicht jeder Handwerker erweist sich als kompetent, die Suche nach einem geeigneten Kleiderschrank artet aus zur Odyssee, und was ein Hahnlochstopfen ist, sollte man bitte wissen, bevor man einen Baumarkt betritt! Sechs Jahre nach der vergriffenen Erstauflage veranlasste der große Erfolg des Buches nun diese komplett durchgesehene und um mehrere Kapitel erweiterte Neuauflage.

»„Viel Arbeit mit Frau" ist dieser Umzug, dessen Beschreibung Lachtränen beim Publikum produzierte. Als „Kishon von Altena" bezeichnete am Ende der Lesung ein begeisterter Zuhörer nicht zu Unrecht den Autor. «
Silvia Sauser, Altenaer Kreisblatt

Fliegende Katzen

von Salem Khalfani

Roman
1. Aufl. 2023; Softcover
194 Seiten; 17,80 €
ISBN: 978-3-96202-118-4

In seinem neuesten Roman berichtet Salem Khalfani über ein sechsstöckiges Gebäude in einer deutschen Stadt. Die Charaktere sind trotz ihrer zufälligen Bezüge eng miteinander verwoben. Frau Habel kann sich von der Erinnerung an ihre entlaufene Katze nicht lösen. Seit vielen Jahren sucht sie ununterbrochen nach ihr und beschuldigt Josef Bahden, ihre Katze versteckt zu haben.

Hat er sie wirklich versteckt? Auch er scheint sehr mit den Gedanken an Frau Habel und deren Katze beschäftigt zu sein. In Wirklichkeit aber befasst er sich vielmehr mit der Literatur, die, statt eine Rettung für ihn zu sein, ihn immer mehr in die Verwirrung treibt.

Zuletzt aber kann sich nur der Erzähler aus seinem babylonischen Turm retten, da er ja allem Geschehenen einen Zusammenhang gibt, indem er darüber erzählt und dabei gleichzeitig herausfindet, was eigentlich mit der Katze geschehen ist.